U0813463

旅游审美十五讲

柴庆春 编著

北京大学出版社
PEKING UNIVERSITY PRESS

内容简介

旅游是一种综合性的审美实践，为了在旅游过程中获得更多美的享受，需要具备一定的历史、地理、艺术以及哲学等相关知识。本书的宗旨是倡导在旅行中发现美，用知识培育发现美的能力。康德说，要评判美，就要有一个有修养的心灵。伊朗诗人萨迪诗云："没有知识的旅游者是一只没有翅膀的鸟。为了找寻翅膀，我要越过千山万水。"

本书按旅游审美对象大致分为自然景观、历史文化景观、古代艺术、古代建筑、古城镇和古村落、古典园林等类别，介绍参观游览这些景观的过程中可能涉及的地理、历史、文化、艺术、建筑、摄影、民俗以及审美观念演变等知识，通过传递人文素养知识，提高旅游活动的审美享受。

本书提倡在旅途中践行"读万卷书，行万里路"的古训，在旅途中丰富社会阅历。每一讲都会推荐一些独具特色、经典的旅游目的地，推荐几本与旅游人文相关的书籍。一个有趣的尝试是，揣上两本作者推荐的书，亲自去书中提到的旅游地走上一遭，体会一下读书、行路、审美所带来的综合的、美妙的感受。

图书在版编目 (CIP) 数据

旅游审美十五讲 / 柴庆春编著. —北京：北京大学出版社，2018.4
ISBN 978-7-301-29310-2

Ⅰ. ①旅…　Ⅱ. ①柴…　Ⅲ. ①旅游学—美学　Ⅳ. ① F590-05

中国版本图书馆 CIP 数据核字 (2018) 第 036490 号

书　　名　旅游审美十五讲
LÜYOU SHENMEI SHIWUJIANG
著作责任者　柴庆春　编著
策划编辑　刘　丽
责任编辑　李瑞芳
数字编辑　陈颖颖
标准书号　ISBN 978-7-301-29310-2
出版发行　北京大学出版社
地　　址　北京市海淀区成府路 205 号　100871
网　　址　http://www.pup.cn　新浪微博：@ 北京大学出版社
电子信箱　pup_6@163.com
电　　话　邮购部 62752015　发行部 62750672　编辑部 62750667
印 刷 者　北京大学印刷厂
经 销 者　新华书店
880 毫米 × 1230 毫米　32 开本　12 印张　380 千字
2018 年 4 月第 1 版　2018 年 4 月第 1 次印刷
定　　价　60.00 元

PREFACE
前言

《礼记·学记》有曰："君子之于学也，藏焉修焉，息焉游焉。"主张在潜心深造学问的同时，还应该走出书斋遍游天下。圣·奥古斯丁说，世界是一本书，那些从没有旅行过的人仅仅读了这本书的一页。这位古罗马哲学家也鼓励人们通过旅行丰富对世界的认知。耳熟能详的俗语"读万卷书，行万里路"非常精妙地表达了读书与旅行的关系。

然而，旅行并不仅是简单地游山玩水。人们离开惯常的居住地，到另外的地理空间去欣赏、体验和享受美好的事物，这种活动就被定义为旅游。旅游的过程中充满了自然美、艺术美、生活美。旅游是一种综合性的审美实践，为了在旅游过程中获得更多的美的享受，而不是蜻蜓点水、走马观花，需要具备一定的历史、地理、艺术以及宗教等知识。

这本讲义的宗旨是倡导在旅行中发现美，用知识培育发现美的能力。康德说："要评判美，就要有一个有修养的心灵。"罗丹说："生活中并不缺少美，而是缺少发现美的眼睛。"伊朗诗人萨迪诗云："没有知识的旅游者是一只没有翅膀的鸟。为了找寻翅膀，我要越过千山万水。"我在北京法海寺曾经遇见过一位从事明代壁画研究的老先生，他在指点了几处壁画的细节后对我说："你知道得越多，看到的也就越多。"无论是哲学家、艺术家，还是诗人，或者是一位普通的学者，他们表达了这样一个观点：欣赏美，需要知识的储备，需要有修养，要善于发现。

什么是美？朱光潜认为"美是主观与客观的统一"。通俗地说，美是能引起人们愉悦情感的事物。所以，美的体验是非常个性而且主观的事情。从旅游对象中获得审美体验的多寡，取决于旅游者自身的修养。人们比较容易发现自己熟悉和理解的事物中所存在的美，对于不熟悉或者不懂的事物，认识其中的美就比较迟钝。大自然的美景是容易感受到的，人文美其实更具有深远的感染力，只是我们理解人文美需要一定的修养和知识。如果你不懂点历史，你看古都西安和南京一定也是走马观花；如果你不掌握一点艺术的知识，你眼中的敦煌恐怕只是人山人海；如果你不读沈从文，凤凰古城也不过是个过度商业化的古镇……

为了实现用知识培养审美力的目的，《旅游审美十五讲》按旅游审美对象大致分为自然景观、历史文化景观、古代艺术、古代建筑、古城镇和古村落、古典园林等类别，介绍参观游览这些景观的过程中可能涉及的地理、历史、文化、艺术、建筑、摄影、民俗、宗教以及审美观念演变等知识，通过传递人文素养知识，以期提高旅游活动的审美享受。

被誉为“红十字会之父”的诺贝尔和平奖获得者亨利·杜南说：旅行是真正的知识最伟大的发源地。哲学家培根说：对青年人来说，旅行是教育的一部分；对老年人来说，旅行是阅历的一部分。旅游能够增长知识、陶冶情操，旅游可以获得审美体验、心灵愉悦、情感升华。

旅游归根到底是一种实践活动。虽然这本讲义不是旅游指南性质的，不会涉及很多的旅游资讯，但是，书中介绍的所有景观都是作者曾经亲历过的，以亲历者身份介绍旅游景观带给自己的审美享受以及获得这种感动所需的知识，提倡在旅途上践行“读万卷书，行万里路”的古训，在旅途中丰富社会阅历。因此，每一讲都会推荐一些独具特色（当然也可能很经典）的旅游目的地，还会推荐几本与旅游人文相关的书籍。一个有趣的尝试是揣上两本作者推荐的书，亲自去作者推荐的旅游地走上一遭，体会一下读书、行路、审美所带来的综合的美妙的感受。

旅行带给人们的不仅仅是美的感受，还会培养一种情怀，用包容、善良的心灵，追求美好、创造美好的情怀，这是一种高尚的情怀。陀思妥耶夫斯基说：“美，将拯救世界。”哈佛大学女校长佛斯特说：“人文教育要求你们自由地生活，赋予你们寻找和定义所做之事的内在意义的能力。”

世界很大，总有你不知道的地方。学得越多，你会发现自己不知道的东西越多，你的求知欲也会越强烈。远天的底下，总有你想去最终必将到达的地方。走的路有多远，你的心就有多宽广。美好人生在旅途的那一端向你招手。

全书二维码资源索引

CONTENTS

目 录

157

第七讲　商贾重镇
——中国最美古镇

179

第八讲　村村寨寨
——中国最美乡村

307 第十三讲 有“仙”则名
——中国文化名山巡礼

329 第十四讲 宫苑林囿
——中国传统审美之集大成

第二讲

美在路上

——旅途中的那些美好瞬间

我大学毕业那一年，借着毕业设计期间的一个短暂空隙，与几位参与同一个项目的青年老师、研究生和同学一起去黄山旅游。从项目所在地江苏常州乘火车到南京，然后换乘火车到安徽铜陵，滞留一夜后乘长途汽车到屯溪，再乘进山的客车到汤口，然后徒步上山。上山途中遭遇倾盆大雨，拧干了被大雨淋透了的衣服，笑看雨后初霁。当晚在西海的临时住宿点内，我们把湿漉漉的鞋子枕在头下，在上下层的架子床上和衣而眠。第二天清晨，当一轮红日从云层中喷薄而出的瞬间，人们振臂欢呼，与陌生人拍手相庆，完全忘记了在4~5℃的气温下身穿短袖衣衫的寒冷。一转眼三十多年过去了，当时的许多情形还历历在目，那些美好的体验鼓舞我一次次地踏上旅途，也使我由一个旅游“菜鸟”变成一个“骨灰级”资深旅行者。

三十多年来，我的足迹遍及祖国名山大川、古都村落。每一次出行归来，我都带回清澄的心灵和美好记忆，让我在城市里的生活又充满活力和憧憬，直到下一次出行。旅游，给人一个包容和宽广的胸怀。我愿意与人们分享在旅途中遇到的那些美好瞬间。

高山大川

一般来说，对于旅行的热爱首先肇始于对高山大川的向往。于是，去名山大川旅行就成了一个旅行者最初的体验。这些体验激发旅游热情的同时，也培养了旅游的习惯。辽阔的大地，让人心旷神怡、心胸开阔；险峻的高山，让人壮怀激烈、意气风发；宁静的湖泊，让人心绪安宁，忘记烦忧；奔腾跌宕的激流，让人感怀人生的波澜起伏……

记得有一次我从丹巴到八美镇，这条路大部分在沟谷中穿行，而且还要翻越高山，经常遭遇泥石流。我曾经两次走这条路，有一次就遭遇了泥石流，若折返回去走大渡河谷的路，听说那里也正在抢修，于是决定等候修通。在经历了 4~5 小时不安的等待之后，终于可以通行了。当车子冲出山谷翻越最后一座高山垭口后，眼前一片开阔。刚刚经历了峡谷，遭遇泥石流，初见辽阔大地，是多么让人兴奋和激动啊（图 1.1、图 1.2）！

图 1.1　八美平坝，四川道孚。*

* 注：除特别标明之外，本书图片均为作者拍摄。

图 1.2 鲁朗雪山，西藏林芝。站在鲁朗一家宾馆的平台上，捧一杯清茶，欣赏眼前的雪山，随着太阳西下，雪山和山间漂浮的云彩由洁白变成金黄，又变成红彤彤，再变成蓝莹莹，月亮升起来挂在雪山之巅。让人不禁感叹大自然的神奇！

日晖月明

作为一个旅游者，有谁没有经历几次激动人心的日出呢？泰山日出、长城日出、庐山日出、渤海日出，甚至赶往火车站途中看见一轮红日从长安街尽头升起，每一次看日出的经历都令人振奋和激动。为了看日出，要在夜幕深沉的时候起床，赶往一个开阔高敞之处。渐渐地，东方微明，天空开始出现一抹红晕，继而泛白。刚刚的满心欢喜，随着云层的由红变白而担心起来，耐着性子等下去，云层开始变厚，几乎快要绝望的时候，忽然有人喊：看！太阳！太阳从云层中露出一点点微芒，并很快地升起，最后一跃，跳出云层，不知什么时候，天空中的所有云彩都被染得红彤彤的。激动、欢呼、跳跃、欢乐的气氛在看日出的人们中热烈起来（图 1.3）。

中国传统文化中赏月习俗由来已久。露从今夜白，月是故乡明（杜甫）；但愿人长久，千里共婵娟（苏轼）；野旷天低树，江清月近人（孟浩然）；江畔何人初见月，江月何年初照人（张若虚）……古人咏月的诗句任谁都能随口吟上几句。纵然缺少文采，纵然不懂风月，大致也会有这样的经历：在某个月圆之夜，不经意地猛然瞥见东方一轮明月从树梢上探出头来，“月上柳梢头，人约黄昏后”脱口而出，心情立刻大好，平日视而不见的草丛树木都变得可爱起来（图 1.4）。

图 1.3　五老峰日出，江西庐山。第一天在含鄱口等候日出，因雾气太大，未能如愿。第二天凌晨 3 点起床，赶往更远的五老峰，看到旭日东升、彩霞满天，口中吟诵“日出江花红胜火，春来江水绿如蓝”，平添朝气蓬勃、壮怀激烈之感。

图 1.4　故宫月夜，北京故宫。现在每到月圆之夜，故宫筒子河边总是挤满了拍摄角楼月夜的摄影爱好者。可是在十几年前，由于没有安装冷光源照明，出于防火需要，故宫很少开启夜间照明。某一年的正月元宵节，听说角楼亮了灯，第二天跑去拍照，太阳落山的时候赶到筒子河，结果等了两个多小时，晚上 7 点多，一轮圆月才从东方偏北的方向跃出地平线。此时，已经冻得手脚发麻，鼻涕横流。

四季如歌

看到图 1.4 之后的人也许会问：你的相机一定很专业吧？的确，那张照片使用了比较专业的照相机和一定的摄影技巧。但旅行的大多数时间里并不需要很专业的相机。图 1.5 就是使用一款非常普通的卡片相机拍摄的。旅游和摄影仿佛是孪生姐妹，在旅途中总会遇到一些新奇的事物，会让人产生想要记录下来的冲动，无论是用于自己的回忆，还是用于与朋友们分享，摄影似乎不可缺少。由于数码相机的普及和手机拍照功能的强大，现在已经是全民摄影时代。摄影赋予人一双善于发现美的眼睛。

另一个常见的问题是：旅游一定要去人迹罕至的地方吗？根据世界旅游组织的定义，旅游是离开惯常居住地，到其他地方去做短暂的旅行。离开长期居住的熟悉的环境，人们会改变因习惯而养成的情感麻木，变得更敏感，更容易发现新奇有趣的东西，也更愿意把它记录下来与人分享。不过，如果你有一双善于发现美的眼睛，即便是身边惯常的事物，也能从中发现不一样的美。以图 1.5 为例，这幅图片就是在北京奥林匹克森林公园拍摄的，这个地方距离我家只有 2~3 千米。

图 1.5　春花烂漫，北京奥林匹克森林公园。
这幅图片是用小型卡片相机在家门口的公园里拍摄的。如果你有一双善于发现美的眼睛，即便是身边惯常的事物，也能从中发现不一样的美。

旅游和摄影都会让人变得情感细腻，更敏锐地觉察四季变化，因春花烂漫而兴高采烈，因流水逐秋叶而黯然神伤（图 1.6）。我国大部分地区属于温带和亚热带季风气候，四季分明，天气多变。许多旅游爱好者和摄影爱好者喜欢跨越大江南北追逐春天的脚步，纵贯长城内外欣赏落叶缤纷，南方人远赴东北去赏雪，北方人千里迢迢到海南沐浴阳光……幅员辽阔的祖国大地为我们提供了丰富的旅游资源。

图 1.6　秋叶溪流，辽宁宽甸。天桥沟的红叶是壮观的，但人们很少低头去看看脚下的美景。同行的人看了这张图片后问：这是哪里拍的？其实，就是我们一起拍摄红叶林的时候，我低头看了看脚下，苍苔上的点点落叶与流动的溪水形成了动静结合的画面。

安居乐业

随着旅游经验的积累，旅游的目的也开始变得清晰起来。旅行者不再满足于高山大川、海岸沙滩，开始好奇其他人的生活环境，特别是与自己习惯的生活环境有较大差别的地方，就更具有吸引力。关于旅游有一句流传很广的说法：旅游就是从自己待腻的地方到别人待腻的地方去。这种说法具有很强的调侃味道，但是却很好地表达出旅游的一个重要动机，即追求反差。

反差，原本是摄影用语，是指影调明暗的对比。反差带来照片的平衡与美。生活环境的反差，也能带来惊喜和震撼，这种愉悦和振奋的心理活动就是美。

生活环境的反差无处不在。久居城市水泥丛林的人向往乡村田野（图 1.7），乡村的人则想看看都市的繁华（图 1.8）；南方的人要在数九严寒时节跑到北方来看雪，北方的人则争先恐后到海南的沙滩上晒太阳；山里的人想象着大海的宽广，海边的人或许憧憬着策马扬鞭在辽阔的草原上……

在旅途中，旅行者开始关注旅行地的人文风情。建筑、生产与生活习俗、人物服饰、民间艺术、体育娱乐及节日庆典活动等，就成了旅行体验的重要内容。而且，这种体验带给旅行者的快乐，可能比大自然的美丽来得更深刻。

建筑是艺术的重要类型。中国各地的民居建筑与各地的地理、气候密切相关，形成了四合院、吊脚楼、窑洞、土楼以及蒙古包等多种式样。欣赏建筑之美，无疑是旅游审美中相当重要的题材。也许你第一眼就爱上了川南古镇富有韵律的房舍，也许你会为徽派建筑的粉墙黛瓦魂牵梦绕（图 1.9），也许蒙古包让你忍不住哼一声长调，也许香

图 1.7　希望的田野，贵州肇兴。

图 1.8　天安门之夜，北京。

格里拉老城的石板房成为你记忆中的绝唱（图 1.10），黄土塬上的窑洞掩映在大枣树下，客家土楼里安居乐业的老人们含饴弄孙，侗寨的鼓楼是侗家人的精神寄托，山西的大院是晋商的财富象征……

一个旅行者如果有幸赶上各地的节庆活动，那可是幸运之极。在文化多样性式微的今天，在一些偏远的地方，或许还能见到一些传统的节庆和娱乐活动。比如，贵州安顺的傩戏、河北蔚县的打树花（图 1.11）、广东番禺的沙湾龙狮等。在少数民族聚居区保留下来的传统节日和娱乐活动可能相对多一些。苗族人用芦笙舞欢迎远道而来的宾朋（图 1.12），彝族人跳起欢快的《阿细跳月》表达心中的喜悦（图 1.13），蒙古族人的那达慕大会载歌载舞，傣家人举办赕佛祈求幸福安康……

中国拥有众多的少数民族，每个民族的服饰都有鲜明的特点。在福建惠安，当地妇女的传统服饰非常具有特色。用鲜艳的花头巾把头部和脸颊包裹得严严实实，在下颌处系紧，头戴斗笠；上身穿短小的类似肚兜一样的斜襟衫，露出肚脐，下身穿又宽又大的黑裤子，银质腰带扎在肚脐下面。这个被称为惠安女的族群，是地道的汉族，很久以前从中原迁徙到东南沿海，为了适应打鱼劳作的需要，慢慢形成了这样的装束（图 1.14）。虽然我们已经在很多图片上看见过喇嘛的形象，但是当你身处于一大群年轻喇嘛中间的时候，你仍然会觉得他们的帽子很有趣，想知道为什么要设计这样的造型，什么时候戴上，什么时候扛在肩上（图 1.15）。

图1.9　石城晨雾，江西婺源。在村口几株高大的红枫掩映下，粉墙黛瓦的村舍排列有序。清晨，炊烟伴随着晨雾升腾，把小村庄装点得如人间仙境一般。

图 1.10　独克宗古城，云南中甸。中甸已经改名叫“香格里拉”，普达错、白水台、梅里、雨崩是旅行者津津乐道的地方，然而在老县城，这连片的藏式房舍、纵横的街巷，还有蹒跚而过的藏人，不同样充满美感吗？令人惋惜的是这些房屋在 2013 年的大火中化为灰烬。

图 1.11　打树花，河北蔚县。打树花，是蔚县暖泉镇北官堡村的一种元宵节社火活动。把生铁熔化成的铁水，用特制勺子泼洒在堡墙上，高温铁水撞击到冰冷的堡墙而爆炸后四处飞溅，飞溅的铁水伴随着“噼噼啪啪”的声响铺天盖地飘洒下来，形成火树银花的壮观景象。

图 1.12 图 1.13
图 1.14 图 1.15

图 1.12 《欢乐的芦笙》，贵州从江。在从江县芭沙村生活着一支世代以狩猎为生的苗族，至今仍有佩枪的习俗，号称是“最后的枪手部落”。剽悍的苗族人用充满阳刚气息的芦笙舞欢迎远方的客人。

图 1.13 《阿细跳月》，云南路南。阿细是彝族的一个支系，聚居在云南弥勒县一带。阿细人能歌善舞。《阿细跳月》是他们最喜爱、最普及的民间优秀集体舞蹈之一。

图 1.14 庙会上的惠安女，福建崇武。惠东半岛海边生活的惠安女，平日里老年妇女还是这样的打扮，过年时老老少少都会穿上最鲜艳的衣服。这是在崇武镇五峰村的庙会上表演打腰鼓的惠安女。

图 1.15 辩经会上的年轻喇嘛，西藏拉萨哲蚌寺。哲蚌寺正在举行辩经法会，年轻喇嘛们席地而坐倾听年长喇嘛讲经。

快乐的人们

人，永远是旅行和摄影的主题。旅途中最令人感动的往往是与当地人的交往。在这种交往当中，我能感受他们的快乐，我也因此获得了最大的快乐。我常说：要赋予旅行以人文精神的实质。因此，我记录了儿童的好奇与天真（图 1.16），也记录了老人的寂寞与慈祥（图 1.17），我不仅见证了简单的快乐（图 1.18），也被快乐所感染（图 1.19），最重要的是，我明白了什么是幸福（图 1.20）……

图 1.17　安详的老人，湖南凤凰。热闹非凡的古城凤凰周边还有几座宁静的苗寨。在老家寨，正在上初二的苗族小姑娘领着我参观她家的老屋，奶奶正坐在门口等候孙女放学回家。如同大多数村寨一样，年轻人都进城打工，村寨里只剩下老幼妇孺固守家园。

图 1.16　好奇的儿童，四川合江。合江县尧坝镇是著名电影导演凌子风的故里，保存一条完好的明清古街和大片古民居，因此成为许多影视剧的外景地。这天，一部电视剧正在拍摄结婚的场景，小家伙好奇地注视着不远处的剧组，当鞭炮声"噼噼啪啪"的时候，小家伙就捂上耳朵；唢呐响起，小家伙嘴角又露出了笑容。

图 1.18
图 1.19 图 1.20

图 1.18　快乐的喇嘛，云南中甸。艳阳下的松赞林寺，我正坐在大殿前的台阶上休息。他从我左侧的一条巷子里走出来，从我眼前经过，又消失在我右侧的一条巷子里，脸上始终带着微笑，身边没有别人。笑容也悄然爬上我的嘴角，那一天我都非常快乐。快乐有时候就是这么简单，不需要理由。

图 1.19　快乐的一家人，四川资中。在铁佛的老街上，这位年轻的母亲背着孩子帮助丈夫干活儿。最先吸引我的是孩子的背篓，见我注意背篓和她的娃儿，年轻母亲非常配合地转身让我拍摄，继而她又兴奋地举起手中的提袋做飞舞状，孩子受到鼓舞笑了，随之所有在场的人都笑了。快乐，就在街角上蔓延开来，一个遥远的异乡人，与镇上生活的当地人，在这个古镇上分享着快乐。

图 1.20　幸福的笑容，云南广南。壮乡坝美是一个世外桃源一样的小村庄，人们春耕秋收、安居乐业，这位不到 50 岁的大姐，拥着两个可爱的孙儿，幸福洋溢在脸上。

周边的一些朋友喜欢我跟他们分享在旅途中的见闻，看我拍回来的照片。有的朋友说，每天新闻里都会听到一些人心不古的负面消息，老人碰瓷了，老人摔倒没人扶，孩子被拐了……总觉得到处是坏人，处处要存有戒心，似乎一不小心就吃亏。可是看你的照片，怎么人人都那么善良，都坦诚以待啊？是的，我在旅途中，遇到的绝大多数人都是善良和淳朴的。我要说：世界本来就是丰富多彩的，你用什么眼光看世界，世界于你就是什么样子的！

老财说 之 旅游与审美

车尔尼雪夫斯基说：美，就是生活。所谓审美，是人们从事物中获得愉悦体验的情感活动。这里我们只简要涉及关于旅游和审美的几个基本概念，并不打算进行深入的理论探讨，我们会从旅游实践的角度去关注旅游为什么快乐？哪些渠道可以获得旅游的审美体验？以及如何通过旅游获得更多的幸福感等相关内容。

尽管美无处不在，但当我们久居一个熟悉的环境中，会慢慢变得麻木，变得钝感和懒惰，从而失去审美的敏感和热情，对于熟知的美好也司空见惯，变得疲劳了。旅游的目的就是离开已经产生审美疲劳的常驻地，到其他的地方去寻找赏心悦目的事物的过程。可以说旅游的本质就是在旅游的过程中获得审美体验。然而，审美对象不同，我们获得愉悦体验的程度也不同。一般来说，从自然美景获得美的体验比较容易，而从文化中获得美的感受就需要一定的条件。或者说，人们具有欣赏自然美的本能，而欣赏人文之美，需要一定的知识准备。对于人文景物，你知道的越多，你看到的也就越多。如果你不了解历史，你看西安、看南京一定也是走马观花；如果你不读沈从文，凤凰古城也不过是个过度商业化的古镇……从同一件人文景物中获得美的体验的多寡，取决于审美者的知识积累。在本书中，我们用两讲来介绍自然美景，其余篇幅都用来介绍如何从人文旅游景观中获得更多的美的愉悦感受。通过本书，我们将在旅途中重温中国历史，纵览中国历史文化古迹，了解中国艺术史的发展脉络，了解中国乡土社会和民俗的演变，领略各地的美食、美酒。

让我们记住伊朗诗人萨迪的美妙诗句吧："没有知识的旅游者是一只没有翅膀的鸟。为了找寻翅膀，我要越过千山万水。"

推荐游览：

天安门广场日出
景山万春亭日落
北京故宫角楼月夜
颐和园西堤的桃红柳绿
北海公园荷花

推荐阅读：

[澳]托尼·惠勒，莫琳·惠勒．当我们旅行 [M]. 北京：生活·读书·新知三联书店，2006.
宗白华．美学散步 [M]. 上海：上海人民出版社，1981.
房龙．房龙地理 [M]. 北京：中央编译出版社，2013.
李泽厚．华夏美学·美学四讲 [M]. 北京：生活·读书·新知三联书店，2008.
许知远．一个游荡者的世界 [M]. 桂林：广西师范大学出版社，2011.
毛姆．在中国的屏风上 [M]. 南京：江苏人民出版社，2006.
[美]杰克·凯鲁亚克．在路上 [M]. 上海：上海译文出版社，2006.

第二讲

文明辉煌

——循着『世遗』地图寻找中华文明的脉络

2006年7月，位于河南安阳的商代遗址“殷墟”被联合国教科文组织世界文化遗产大会列入《世界文化遗产名录》，在紧接下来的两天里，进入殷墟参观的人数超过18万人，平均每天9万人。有新闻报道说，由于每天9万多人参观，殷墟的门口排起了长队，很多人等不及排队就翻墙进入景区内，很多商贩在景区内外摆起了餐饮摊。而在“申遗”获批前两年的时候，我到殷墟参观，那时候的殷墟遗址可以用门可罗雀来形容，在我参观的两个多小时，进入殷墟参观的人数不超过20人，里面的考古人员安静地清理着宫殿遗址，负责接待游客的工作人员清闲地聊着天。“世遗”就像一剂起死回生的强心剂，让那些几乎被人们淡忘了的祖先留下来的宝贵遗产，一夜之间变得炙手可热，大批旅游者蜂拥而至，这让人们开始认真思考世界遗产与旅游的关系。

世界遗产

世界遗产是指被联合国教科文组织和世界遗产委员会确认的人类罕见的、目前无法替代的财富，是全人类公认的具有突出意义和普遍价值的文物古迹及自然景观。世界遗产分为自然遗产、文化遗产、自然与文化复合遗产和文化景观。

20世纪60年代，埃及计划修建阿斯旺水电站，尼罗河谷里的众多珍贵古迹面临被淹没的命运。当时，联合国教科文组织发起了“努比亚行动计划”，帮助埃及拯救和保护已经在尼罗河谷里沉睡了数千年的文物古迹。阿布辛贝神殿和菲莱神殿被搬迁到更高的位置重建，丹铎神庙被赠送给了美国，如今它在纽约大都会艺术博物馆萨克勒大厅迎接着世界各地的参观者。这件事情直接导致“保护人类文化遗产的协定”的产生，在此基础上，联合国教科文组织倡导了《保护世界文化和自然遗产公约》，并成立了世界遗产委员会。

1978 年，在美国华盛顿举行的第二届世界遗产委员会大会上，产生了第一批世界遗产，美国、加拿大等国的 12 个遗产地首次列入《世界遗产名录》。1985 年，在老一辈文物专家侯仁之、郑孝燮、罗哲文等人的提议下，中国加入《保护世界文化和自然遗产公约》。1987 年，故宫博物院、周口店北京人遗址、泰山、长城、秦始皇陵（含兵马俑坑）、敦煌莫高窟六处文化与自然遗产列入《世界遗产名录》，产生了中国的第一批世界遗产。

循着“世遗”地图寻找中华文明的脉络

中华文明绵延不绝的悠久历史，构成了世界遗产宝库的重要元素。

世界文化遗产是指从历史、艺术或科学角度看，具有突出的普遍价值的文物、建筑和遗址等。世界自然遗产是指从美学或科学角度看，具有突出的普遍价值的自然面貌、生物和自然地带。

本书倡导的一个理念是：旅行，需要人文精神的实质。关于这个理念以后还会详加阐述，这一讲我们先从世界文化遗产说起，循着“世界遗产”地图寻找中华文明的脉络。

中华民族的历史悠久、博大、辉煌、灿烂，各个重要历史时期都遗存了不可磨灭的文化遗产：世界上最古老的文字之一甲骨文、青铜时代最具特色的商周青铜器、秦始皇时期修筑的长城、北方游牧民族的佛教洞窟、世界上最大的皇宫建筑群……勤劳善良的各民族人民用他们杰出的智慧营造出美丽的家园：世界上最悠久的、至今仍在使用的水利工程都江堰、记录中国人迁徙居住文化的福建土楼、体现汉民族“咫尺乾坤”美学理念的苏州园林、中国人哲学精神的物质载体孔庙、宗教文化胜地五台山……这些文化遗产不仅是中国人民的骄傲，也是世界人民共同的财富（图 2.1）。

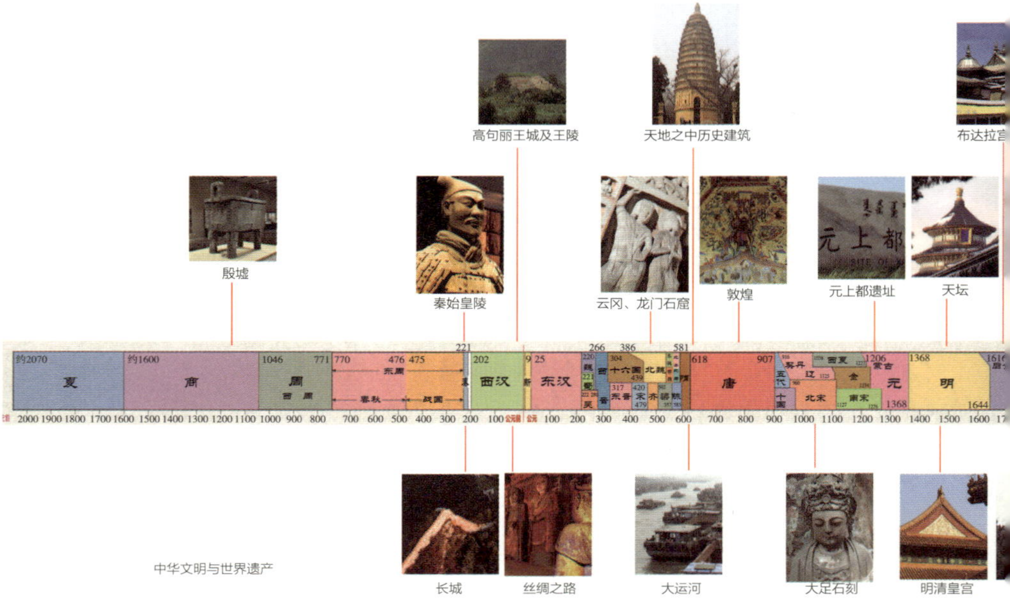

图 2.1　中华文明与世界遗产。中华文明自夏、商、周三代以降，经历秦汉、隋唐、宋元、明清等各个历史时期进入近代，各个历史时期都有对世界文明进程做出过重要贡献的历史文化遗存，它们被列入《世界文化遗产名录》。此图，在中华文明史轴线图上标出了其中一些重要的世界文化遗产。有的文化遗存跨越的时间比较长，将其标注在主要发展的历史时期。

步入文明

所谓“文明社会”，是指人类社会结束蒙昧和野蛮之后进入进步时期的社会状态。夏鼐在《中国文明的起源》中较系统地论述了中国文明起源，他指出，“文明”一词用来指一个社会已由氏族制度解体而进入有了国家组织的阶级社会的阶段。一般认为，进入文明社会的基本特征是有国家组织、出现文字和金属冶炼。

大约在四千多年前，中国诞生了历史上的第一个王朝——夏朝。自此，中国进入文明社会。史书关于夏朝的记载不少，大禹传位给儿子夏启，开创夏朝，然后世袭有序至夏桀，夏桀无度而丧国。遗憾的是，从考古学角度来看，迄今为止尚未直接发现夏朝存在的证据。考古学家一直没有放弃寻找夏朝的努力，“夏商周断代工程”已经取得了丰硕的成果。

从文明社会的基本特征来看，继夏朝之后的商朝无疑已经进入文明社会。商代的甲骨文是中国目前确切已知最早的文字，殷墟的发现也证明了殷商都城曾经的辉煌，出土的大量青铜器表明青铜冶炼技术已经相当发达。

河南安阳殷商都城遗址“殷墟”，于2006年列入《世界文化遗产名录》。根据《史记·殷本纪》记载，自成汤建立商朝到纣王被周武王所灭，共传17世31王，延续六百余年。商朝国都频繁迁移，至盘庚迁殷，国都才固定在今天的河南安阳，在此建都长达273年，所以商朝又称为“殷”或“殷商”。殷墟出土了大量都城建筑遗址和以甲骨文、青铜器为代表的丰富的文化遗存，系统展现了中国商代晚期辉煌灿烂的青铜文明，确立了殷商社会作为信史的科学地位。世界上的古老文明都曾经历了石器时代、青铜时代和铁器时代。中华文明的青铜时代

图 2.2 殷墟宫殿宗庙遗址，河南安阳。

出现在距今四千年前，商周时期中国青铜文化达到了辉煌的顶峰。

殷墟出土的青铜器最著名的莫过于后母戊鼎了（图 2.3）。后母戊鼎，曾称司母戊鼎，重达 832.84 千克，是世界迄今已知最重的古代单件青铜器。文献中有大禹“铸九鼎，象九州”的记载，鼎便成为王权的象征。鼎的易手，就是王权的更替。春秋时，周王室衰微，偏居一隅的楚庄公竟然敢向周定王的使者问鼎之大小，使得“问鼎”一词成为觊觎国家权力的代词。

殷墟考古最伟大的贡献是发现了甲骨文——目前已知的中国最早的文字。甲骨文，是商朝后期王室用于占卜吉凶记事而在龟甲或兽骨上镌刻的文字，内容一般是占卜所问之事或者是所得结果。目前已知商代甲骨文共出土有大约 14 万片，大约包含有四千多种不同的文字或符号，其中已经识别的单体文字约有 2500 多字。这表明甲骨文已是相当成熟的文字系统，它应该已经存在并使用了相当长的时期，它之前或许也是某些更古老的系统使用的文字，我们期待考古发现能有一天让它们再现人间（图 2.4）。

图 2.3 后母戊鼎，商代后期（BC14—BC11 世纪），1939 年安阳殷墟出土，中国国家博物馆藏。

图 2.4 刻辞卜骨，商代后期（BC1300—BC1046），1971 年安阳殷墟出土，河南博物院藏。

华夏一统

武王伐纣消灭了商王朝而建立周王朝，分封诸侯，天下共主。后来，周王室逐渐昏聩、衰微，以至发生周幽王“烽火戏诸侯”这样的荒唐之事。公元前 770 年，周平王东迁洛阳，历史进入一段漫长的纷争时期，即春秋战国时期。春秋五霸、战国七雄，各诸侯国你打我杀，争斗得不亦乐乎，最后崛起于西北的秦国一统六合，建立了统一的封建王朝——秦朝。

秦朝自公元前 221 年统一六国到公元前 206 年灭亡，国祚仅存 15 年，但是秦朝却给后人留下了众多奇迹般的遗产，包括有形的长城、秦始皇陵兵马俑、秦直道，也包括无形的郡县制、文字、货币和度量衡。其中长城（图 2.5）、秦始皇陵兵马俑（图 2.6）被列入《世界文化遗产名录》，它们是 1987 年首批列入名录的中国遗产。

图 2.5 长城，北京怀柔。

图 2.6 秦始皇陵兵马俑，秦，陕西临潼。

长城，并非秦人所初创，秦朝也不是最后一个修筑长城的朝代，但是秦始皇动用近百万劳动力修筑长城，再加上“孟姜女哭长城”等民间故事的渲染，给秦长城贴上了标签。战国时期的齐、魏、赵、秦、燕等诸侯国都修筑过长城，秦统一六国后，将秦、赵、燕北部边境的长城连接起来，形成了一条西起临洮，东至辽东的长城。秦以后的各朝代也都曾修缮和扩建长城，尤以明朝为甚，2009 年 4 月，经过两年多的测绘，国家文物局和国家测绘局联合公布，万里长城东起辽宁虎山，西至甘肃嘉峪关，从东向西行经辽宁、河北、天津、北京、山西、内蒙古、陕西、宁夏、甘肃、青海十个省（自治区、直辖市）的 156 个县域，总长度为 8851.8 千米。这些现存的长城大部分都是明朝时期修复和新建的。

世界遗产委员会对长城的评价是，约公元前 220 年，一统天下的秦始皇，将修建于早些时候的一些断续的防御工事连接成一个完整的防御系统，用以抵抗来自北方的侵略。在明代（1368—1644 年），又继续加以修筑，使长城成为世界上最长的军事设施。

秦始皇陵兵马俑也是 1987 年我国第一批列入《世界遗产名录》的世界遗产。秦始皇帝陵自嬴政初即位时（公元前 246 年）便开始修筑，至完工历时约 40 年，用工达 70 余万人次。秦始皇陵至今尚未发掘，兵马俑坑是它的陪葬墓坑，迄今已经发现 3 座，发现陶俑、陶马近 8000 件，还有珍贵的铜车马模型。

秦始皇陵兵马俑反映了 2200 年前古人的艺术成就。7000 多件真人大小的陶俑，面部表情、体态姿势和服装服饰都是逐一塑造而成，在一号坑中数百兵马俑队列严整的排列，显示出秦人大气恢宏的威严气魄。就个体来看，兵俑个个体魄健壮、表情庄严，甚至能显示年龄和地域的差别，是写实主义的艺术表现。

2000 年，秦朝时期的另一项伟大的工程都江堰，与道教重要发祥地青城山一起被列入《世界遗产名录》。公元前 256 年，秦国蜀郡太守李冰和他的儿子，吸取前人的治水经验，率领当地人民兴建水利工程。都江堰建成后，成都平原沃野千里，成为“天府之国”，这项工程直到今天还在发挥着作用（图 2.7）。

图 2.7　都江堰，秦，四川成都。李冰父子修建的都江堰，是世界上最伟大的古代水利工程，两千多年来一直发挥着巨大作用。

世界遗产委员会的评价是，建于公元前3世纪，位于四川成都平原西部的岷江上的都江堰，是中国战国时期秦国蜀郡太守李冰及其子率众修建的一座大型水利工程，是全世界年代最久、唯一留存、以无坝引水为特征的宏大水利工程。李冰治水，功在当代，利在千秋，不愧为文明世界的伟大杰作，是造福人民的伟大水利工程。

万方来仪

公元前206年，秦王子婴向刘邦投降，秦朝灭亡。公元前202年刘邦击败项羽称帝，又一个统一的多民族王朝建立。公元前140年，汉武帝刘彻继位，承“文景之治”开创的大好局面，武帝“北击匈奴”“凿空西域”，开通丝绸之路，西域诸国派遣来使进贡奉献，佛教文化通过丝绸之路传入中原。在大分裂的南北朝时期，佛教成为联系各民族交往的重要纽带，佛教艺术得到空前发展，许多重要石窟都是这个时期留下来的。

大唐盛世再一次把中华文明推向高峰，丝绸之路重新焕发光彩，连接东亚、中亚、西亚乃至东罗马，成为东西方交流的重要通道。中国的茶叶、丝绸出口到西方，粟特人则带来了葡萄酒和胡旋舞，造就了万方来仪的空前盛世。

1987年莫高窟首批“申遗”成功，龙门石窟和云冈石窟分别于2000年和2002年被列入《世界遗产名录》。2014年，中国、哈萨克斯坦、吉尔吉斯斯坦三国联合申报的陆上丝绸之路的东段“丝绸之路：长安－天山廊道的路网”成功列入《世界遗产名录》。

丝绸之路是初通于西汉，繁盛于大唐，连接亚洲、非洲和欧洲的古代陆上商业贸易路线。它以长安为起点，经过河西走廊到敦煌，从敦煌起向南经楼兰、于阗、莎车，穿越葱岭（今帕米尔）到大月氏、安息，往西到达条支、大秦，向北经交河、龟兹、疏勒，穿越葱岭到大宛，往西经安息到达大秦。德国地理学家李希霍芬最早在 19 世纪 70 年代将这条贸易路线命名为“丝绸之路”，该名称被广泛认同和使用（图 2.8）。

随着丝绸之路的开通，佛教就沿着这条路传入中国。天梯山石窟最早开凿于东晋十六国时期的北凉，距今约有 1600 年历史，是河西走廊最早的石窟，也是中原地区最早的一座石窟。中原的佛教石窟造像自天梯山石窟之后继续向东发展，陆续有了炳灵寺石窟、麦积山石窟、云冈和龙门石窟向西有马蹄寺石窟、文殊山石窟、昌马石窟、东千佛洞、榆林窟、莫高窟等。

图 2.8　丝绸之路之祁连山脉，甘肃阿克塞。河西走廊是丝绸之路主要通道。它的南面是连绵的祁连山，北面是大漠戈壁，东西长近千千米，南北宽不足百余千米的通道上连接着一串串绿洲，“金张掖、银武威”，酒泉“葡萄美酒夜光杯”，光是叨念这一连串的地名，就让人激动。更有诗句咏叹“不望祁连山顶雪，错将甘州当江南”，当你站在河西走廊的绿洲间，远眺祁连山顶的积雪，怎能不心潮澎湃呢。

敦煌莫高窟是河西走廊名声最显赫的石窟。莫高窟初建于十六国的前秦时期，北朝时期也颇有建树，最辉煌的时期是隋唐，隋唐两朝开凿石窟 300 多座，占现存石窟总数的 60% 以上。莫高窟于 1987 年被列入《世界遗产名录》，是我国首批成功申遗的项目之一（图 2.9、图 2.10）。

如果说敦煌莫高窟是集唐代艺术之大成，是彻底中土化了的艺术的形式话，那么大同云冈石窟则是见证了外来造像艺术向本土演变的过程（图 2.11）。云冈石窟始凿于北魏文成帝和平初年，延续至孝明帝正光年间，持续不足百年，从犍陀罗艺术风格浓郁的宽肩阔胸和厚重衣纹，到南朝风气的秀骨清像和褒衣博带，显示出造像艺术的逐步汉

图 2.9 | 图 2.10 / 图 2.11

图 2.9　莫高窟 九层楼，甘肃敦煌。
图 2.10　莫高窟 249 窟（复制）的壁画，甘肃敦煌。
图 2.11　云冈石窟，山西大同。云冈石窟第 16~20 窟被称为“昙曜五窟”，由高僧昙曜主持开凿。造像劲健、浑厚、质朴，明显受犍陀罗艺术风格影响。这是第十七窟，开凿于北魏和平年间（460—465 年）。

图 2.12 龙门石窟，河南洛阳。北魏时期主要开凿了古阳洞和宾阳洞，最盛期仍然是唐朝。这是开凿于唐高宗和武后时期的奉先寺卢舍那大佛。

图 2.13 龙门石窟宾阳洞帝后礼佛图，北魏，大都会博物馆。北魏时期开凿的宾阳洞，原本是最精美的一个洞窟，洞内布满浮雕，可惜的是 20 世纪 30 年代被盗运国外，这是保存在纽约大都会博物馆的一块“帝后礼佛图”浮雕。

化过程，是中国石窟走向成熟的重要标志。云冈石窟于 2002 年被列入《世界遗产名录》。

洛阳龙门石窟（图 2.12）是北魏孝文帝迁都洛阳之后开始营造的，东西魏、北齐、北周，到隋唐至宋等朝代都有修造，持续四百余年。北魏时期主要开凿了古阳洞和宾阳洞（图 2.13），最盛期仍然是唐朝。世界遗产委员会评价是，龙门地区的石窟和佛龛展现了中国北魏晚期至唐代（493—907 年）期间，最具规模和最为优秀的造型艺术。这些翔实描述佛教中宗教题材的艺术作品，代表了中国石刻艺术的最高峰。龙门石窟于 2000 年被列入《世界遗产名录》。

汉唐时期国力强盛，周边国家纷纷来归附。高句丽（公元前 37—668 年），汉朝时独立于大汉王朝但臣服于大汉的偏居东北的一个政权，与中原王朝貌合神离、时生龃龉，持国七百余年，最终为唐朝所灭。高句丽鼎盛时期是好太王和长寿王统治时期，此时中原正处在南北朝时期，高句丽占据东北大部和朝鲜半岛局部，与朝鲜半岛的新罗和百济成鼎足之势。韩朝两国的历史认为高句丽是朝鲜半岛三国时代的一个政权，是朝鲜半岛的先民。如今，来到集安参观高句丽遗址的韩国人甚至比中国人还多。高句丽王城、王陵及贵族墓葬，2004 年被列入《世界遗产名录》（图 2.14）。

图 2.14 将军坟，高句丽王城、王陵及贵族墓葬，吉林集安。

文人世界

宋代是文人的世界，其性格是隐逸和内敛。宋朝人对世界文明发展的贡献是巨大的，三大发明（印刷术、指南针和火药）都集中在宋代，瓷器在宋代发展到了顶峰，并走向世界。宋代的航海术、冶金技术和土木营造也都非常发达。中国的山水画在世界艺术史上独树一帜，其对绘画艺术的贡献有如中国青铜器对世界青铜器的贡献一样。遗憾的是，目前列入《世界遗产名录》的宋朝遗产只有大足石刻一项。我们期待着有更多的宋代遗产进入名录，至少作为大足石刻的拓展项目，安岳石刻应该尽快申报。

图 2.15 《华严洞十菩萨》，安岳石刻，宋，四川安岳。宋代的雕塑艺术的特征是写实主义和艺术生活化，华严洞内东西两壁的十菩萨充分体现世俗化的特征，尤其是中间这尊观音菩萨像安详平和，犹如一位端庄的少妇，充满世俗的烟火气息。

大足石刻虽然初凿于唐永徽元年（650 年），但大规模开凿却是在两宋时期，主要兴盛于公元 9 世纪末至 13 世纪中叶，是中国晚期石窟艺术的代表作品。大足石刻于 1999 年被列入《世界遗产名录》。

宋代的雕塑艺术在写实主义和艺术生活化方面有所发展。塑造的人物形象文静温和、衣饰华丽，形体上力求美而不妖，丽而不娇，表情含蓄内敛，衣着服饰逼真生动，这一特征在大足石刻和安岳石刻上面表现无遗（图 2.15）。至于艺术生活化，或可以说佛教造像的世俗化，在宋代表现得非常鲜明。

首先无论是佛还是菩萨，或是罗汉像，都颇似现实中各类人物的真实写照；其次，造像题材广泛出现世俗生活场景，在大足北顶山大佛湾的摩崖石刻群中，《养鸡女》《牧牛图》等生活场景随处可见（图 2.16）。

在中国石刻艺术史上，安岳石刻具有上承云冈、龙门，下启大足的地位，建造年代始于南梁，但主要集中于宋代，也是宋代雕塑艺术的优秀代表。安岳石刻分布在安岳县的众多乡镇，其中保存状况好、规模较大的有 9 处，分别是卧佛院、玄妙观、千佛寨、圆觉洞、华严洞、毗卢洞、茗山寺、孔雀洞、木门寺。安岳石刻以其规模大、保存好、艺术价值高的特点来看，申请加入《世界遗产名录》应该不是很遥远的事情，至少作为大足石窟的拓展项目应该没有困难。

图 2.16 《养鸡女》，大足石刻，宋，重庆大足。

金戈铁马

元朝，是由马背民族蒙古人创立的王朝。蒙古族兴起于漠北草原，先后征服西夏、金等北方游牧民族政权，并最终消灭南迁的宋王朝。元朝建都在北京，即元大都，把入主中原前设立在内蒙古正蓝旗的都城作为上都，又在河北张北设立中都，这样元朝就有了三座都城。元上都，是蒙古人建立的第一座都城，始建于公元 1256 年，忽必烈在此继承汗位建立了元朝。元朝建立统一政权之后，幅员辽阔，许多少数民族政权被纳入版图，元上都在元朝加强对北方的统治中发挥着重要作用。2012 年，元上都被列入《世界遗产名录》。世界遗产委员的评价是，作为全世界最具代表性的游牧民族的文化遗产，元上都遗址以其重要的历史、文化、科学和艺术价值，成为人类文明史上不可或缺、辉煌壮美、璀璨绚丽的中华文明和游牧文明进程中一个重要的里程碑（图 2.17）。

图 2.17　元上都遗址，元，内蒙古正蓝旗。

皇权无上

1368年，乞丐出身的朱元璋在南京称帝，建立明朝，结束了蒙古人近百年的统治。靖难之役后，朱棣登上皇位，迁都北京，在北京进行大规模的城市建设。这次建设基本奠定了北京城现在的格局。明末，农民领袖李自成推翻大明的江山，做了49天的大顺朝皇帝，被入关的清军赶出紫禁城，中国进入历史上最后一个封建王朝。中国的皇权统治在明清两朝达到顶峰，皇家建筑在这个时期达到登峰造极的顶点，这两个王朝又是距离我们最近的朝代，所以两朝的皇家宫殿、园林和陵寝等建筑很大程度地得以保存，按照世界遗产的真实性和完整性的原则，这些建筑都可以成为世界遗产。

中国的建筑艺术在唐宋时期迎来高峰。遗憾的是，唐宋（包括辽金）建筑存世不多，存世者多为宗教寺庙建筑，皇家宫殿建筑业已无存。北京故宫成为至今保存最完好、规模最庞大的皇家宫殿建筑群，当之无愧地进入《世界遗产名录》。世界遗产委员会的评价是，紫禁城是中国五个多世纪以来的最高权力中心，它以园林景观和容纳了家具及工艺品的9000个房间的庞大建筑群，成为明清时代中国文明无价的历史见证。

北京故宫是1987年我国首批申遗的项目，2004年，清朝入关前在盛京（今沈阳）营造的皇宫建筑群作为明清皇宫的拓展项目被列入《世界遗产名录》（图2.18）。

天坛是明清两代皇帝祭祀上天和祈求丰收的场所，明成祖朱棣开始营造，明清两朝屡有增修，是迄今保存完好的中国古代坛庙建筑群，反映了天地观念在中国古代宇宙观中的核心地位。1998年被列入《世界遗产名录》（图2.19）。

▲
图 2.18　北京故宫，明清，北京

图 2.19　天坛祈年殿，明，北京。

中国历朝历代除了建造宫城外，还致力于园林的营建。周有灵囿，秦有阿房宫，汉有上林苑，唐有华清宫。可惜它们早已随着朝代的更迭灰飞烟灭了。颐和园和避暑山庄都是清代营建的皇家园林。颐和园始建于乾隆年间，最初叫做“清漪园”，1860 年鸦片战争期间被英法联军焚毁，光绪年间慈禧太后又令重修，是规模最大、保存最完整的一座皇家行宫御苑。颐和园利用中国传统山水观念，在湖畔和山峦之间巧妙地安排宫殿、楼阁、亭台与长廊。特别是山下的长廊，梁枋上绘有 14000 多幅彩画，号称“天下第一长廊”。1998 年颐和园被列入《世界遗产名录》(图 2.20)。

位于河北承德的避暑山庄，是清朝皇帝的夏季行宫，兴建于清初康雍乾时期。建筑风格各异的庙宇和皇家园林同周围的湖泊、牧场和森林巧妙地融为一体，具有极高的美学价值。承德避暑山庄及周边庙宇，1994 年被列入《世界遗产名录》(图 2.21)。

图 2.20 颐和园，清，北京。

图 2.21 避暑山庄和外八庙，清，河北承德。

秦汉以降，除了蒙元帝王陵墓未见踪迹外，各朝代的帝王陵墓都有不同程度的遗存，尤以明清帝王陵墓保存最为完整，集中体现了中国文化的风水思想和生死观念。明朝十六帝建有十五陵，惠帝朱允炆不知所终没留下陵墓，太祖朱元璋孝陵在南京，其余十四帝陵在北京，又以十三陵最为集中。明世宗嘉靖皇帝的生父朱祐杬本来以亲王礼葬于湖北钟祥，嘉靖继位后恭奉其父为“兴献帝”，因此王坟按照帝陵扩建，更名为显陵。

清朝入关后经十二帝，建有十一陵，末代皇帝未建陵寝，其余十一帝陵分布在河北遵化和易县的东西二陵区。清朝入关之前，在关外还建有盛京三陵。明清皇陵于 2000 年、2003 年和 2004 年分三批进入《世界遗产名录》（图 2.22）。

图 2.22　明十三陵石像生，明，北京。

老财说 之"世遗"和旅游

2017年，国家文物局发布更新的《中国世界遗产预备名单》，共有61个项目列入《世界文化与自然遗产预备名单》。2004年7月，第28届世界遗产大会在苏州召开，会议通过的"苏州决定"，将《保护世界文化和自然遗产公约》缔约国原先每年只能申报一项世界遗产的"凯恩斯决定"修改为：从2006年起，一个缔约国每年可至多申报两项世界遗产，其中至少有一项是自然遗产。

目前，我国掀起了一股"申遗"热潮。这个热潮在很大的程度上是各地政府在推波助澜，政府把"申遗"和搞活旅游紧紧地拴在了一起，打算通过"申遗"搞活旅游，让祖先的遗产为现在的经济服务。但是这种做法有"南辕北辙"之嫌，虽然"申遗"是为了更好地保护遗产，可是在所谓的"保护"过程中，很多遗产外表似乎得到了修缮，但是精神内涵却消失了。在大运河申遗的过程中，各地都在大规模重修运河沿岸的所谓古迹，有的地方完全拆除了重修，已经没有了原始风貌，这样的地方当然不能作为"入遗"节点，可是经过打造的景点却引来了大量的游客，这样的地方同样借用"世遗"的大旗，营造一种气氛，好像旅游价值就从地下飞到了天上。"前人栽树，后人乘凉"是祖先留下来的道理，我们现在正在祖先在的树下乘凉呢，可是我们却没有为后人栽树，相反地还在挖掘祖先栽下的树的树根。这种现象可不仅仅是殷墟所独有的。几乎所有的列入《世界遗产名录》的地方，都会有摩肩接踵的游客，更有的如张家界之类，为了开发旅游不惜饮鸩止渴，被世遗大会亮了黄牌。

推荐参观：

北京的世界遗产：周口店猿人遗址、故宫、天坛、颐和园、十三陵、长城，共6处，是目前中国拥有世遗最多的城市。

山西的世界遗产：云冈石窟、五台山、平遥古城。

推荐阅读：

李学勤．中国古代文明十讲 [M]. 上海：复旦大学出版社，2003.

吕思勉．中国通史 [M]. 北京：中国社会科学院出版社，2013.

杨泓、美源——中国古代艺术之旅 [M]. 北京：生活·读书·新知三联书店，2008.

孙机．中国古代物质文化 [M]. 北京：中华书局，2014.

余秋雨．文化苦旅 [M]. 武汉：长江文艺出版社，2014.

[美]房龙．人类的故事 [M]. 胡允桓，译．北京：生活·读书·新知三联书店，2010.

[英]德斯蒙德·莫里斯．裸眼：探索人类的旅行 [M]. 胡允桓，译．上海：上海远东出版社，2004.

小资料：

推荐资料	推荐说明	二维码
中国世界遗产网遗产名录	http://www.whcn.org/	
联合国世界遗产委员会	http://whc.unesco.org/	
《世界遗产中国录》纪录片	本片将中国灿烂的自然文化遗产以系列纪录片的形式多层次、多角度地集中展示，是向世界敞开一个个东方文明的窗口。	
《世界遗产在中国》纪录片	本片展现了中国 2008 年前列入联合国教科文组织《世界遗产名录》的 33 处自然遗产、文化遗产和人类口述和非物质遗产。	
《丝路，重新开始的旅程》纪录片	本片在丝绸之路沿线 7 个国家拍摄，记录了人们的奋斗和宝贵的遗产、多样的文明，以及他们如何互相适应、和平相处，共同缔造新丝绸之路的故事。	

第三讲

山明水秀

——专家视角的中国最美自然风光

《中国国家地理》2005 年 10 月号推出《选美中国》专辑，一时洛阳纸贵。这本原名《地理知识》的杂志，是一本专业的自然科学杂志，主要关注点在于自然地理，由于地理与旅游的天然联系，加之杂志通俗的内容和图文并茂的设计，成为许多旅游爱好者必读刊物。在《选美中国》专辑中，专家评委把中国的自然景观分成了 15 个类别，又加上了城区和乡村古镇两个人文景观，构成了山岳、湖泊、森林、草原、沙漠、雅丹地貌、海岛、海岸、瀑布、冰川、峡谷、城区、乡村古镇、旅游洞穴、沼泽湿地等 17 种不同类型，评选出“中国最美的地方排行榜”。《中国国家地理》杂志把此次评选的特色归纳为：颠覆传统，名山名湖纷纷落马；推进审美，冰川雅丹地貌进入视野；关注西部，边缘文化大放异彩。上榜的 17 类中国美景共 115 处，图 3.1 是《中国最美的地方》排行榜景观分布地图，不是所有的榜单都在图上，只标出了每个类型的前两名。看看你的家乡在榜上吗？你家乡的什么类型景观上榜？

高山大川、森林草原、海岸沙滩是最能够吸引人走上旅途的景色，大多数人旅游迈出的第一步都是去欣赏这些自然美景。中国人自古以来喜欢游山玩水，甚至还上升到了哲学的高度：智者乐水，仁者乐山（孔子语）。不仅产生了山水诗派，寄情山水：“山水含清晖，清晖能娱人（谢灵运诗）”，借山水表达思想情怀：“江流天地外，山色有无中。（王维诗）”

我喜欢旅游也是从游览名山大川开始的。我最早的一次自助游是 1985 年去游览黄山，此前虽然也曾旅游过一些地方，比如承德避暑山庄、大连海滨等，都是借公出机会顺道游览，不是专门去旅游，而黄

图 3.1 《选美中国》排行榜景观分布地图，中国国家地理，2005 年 10 月（清晰地图详见《选美中国》）。

山是有计划的自助出游。黄山的日出、云海，甚至倾盆大雨都给我留下了极为深刻的印象，之后我又两次去黄山，还打算再去。可见大自然的神奇美景多么具有吸引力。

自游黄山开始，我的自助游便一发而不可收，到今天算起来也有三十多年了。这三十多年的旅游大致可以分成两个阶段，前一阶段主要以自然风光为主。大概从 1994 年我开始学习摄影，自然美景也是摄影初学者拍摄的主要目标，名山大川跑得更勤一些了。从 2002 年起逐步转向以人文、民俗旅游为主，摄影的努力方向也定位在人文摄影领域。

谈起旅游，我经常遇到的一个问题是：你怎么知道哪里有什么景点呢？我回答：我是一个碎片信息的集成者。长期的自助游经历，使我对旅游信息很敏感，善于把各种渠道获得的旅游信息联系起来。对于出道不深的“菜驴”来说，应该说《中国国家地理》的“中国最美的地方排行榜”提供了一个非常有效的指引。下面结合自己的旅游经历，概要地介绍“中国最美的地方排行榜”中的一些自然风光。

最美的山峰

中国古代民间有敬拜山神的传统，历代帝王通过“封禅”来为自己歌功颂德，文人骚客争相游历名山，产生了许多歌咏山峰的诗词歌赋。中国名山有所谓的“五岳”之说，即东岳泰山、南岳衡山、西岳华山、北岳恒山、中岳嵩山。五岳之峰各具特色，所谓“泰山雄、华山险、衡山秀、恒山幽、嵩山峻”基本上代表了中国人传统上对山岳的审美。于是俗语说“五岳归来不看山”。然而，中国地大物博，名山实在太多，仅仅“五岳”还不足以全面代表中国名山，于是又有“五岳归来不看山，黄山归来不望岳”之叹。

“选美中国排行榜”中上榜的十大名山，再一次颠覆了传统的审美，或者说把目光更多地投向了以前人们鲜有涉足的西部。南迦巴瓦峰、贡嘎山、珠穆朗玛峰名列前茅，东部传统名山只有黄山和泰山上榜。

黄　山

黄山位于安徽省南部，明朝旅行家徐霞客登临黄山时赞叹：“薄海内外之名山，无如徽之黄山。登黄山，天下无山，观止矣！”黄山传统上就是以自然风光见长的中国名山。黄山的奇景可以归纳为四绝，即奇松、怪石、云海、温泉（图 3.2 至图 3.4）。

图 3.2　黄山云海，安徽黄山。黄山所处的地理位置和海拔高度，很容易形成云海奇观，一年四季都可能遇到云海，冬季的机会更多一些。

图 3.3　西海日落，安徽黄山。北海观日出，西海赏晚霞，是游览黄山不可错过的绝妙体验。

图 3.4　迎客松，安徽黄山。

黄山地处交通便利、经济发达的东部地区，自古以来都是最受游人青睐的山岳景观之一。古代文人留下了许多歌咏黄山的诗篇。试举两例，李白颂景："黄山四千仞，三十二莲峰。丹崖夹石柱，菡萏金芙蓉。"范成大抒怀："西昆古绝不可至，东望蓬莱愁弱水。谁知芳草遍天涯，玉京只在玉帘底。"黄山以其山水云霁之美，还启迪了古今画家，清初有与新安画派齐名的黄山画派，近世有刘海粟、张大千、李可染等著名画家，他们都创作了许多以黄山为题材的画作。

中国传统审美观念讲究致用、比德、畅神。致用，是主张有用的东西才具有美的价值，比如太行、王屋二山在愚公的眼中就是不美的；比德，是以自然景物的某些特征来比喻人的道德情操，比如用"高山仰止"比喻、形容一个人崇高的品行，用"高山流水"比喻曲韵高妙、巧遇知音；畅神，主张自然景物的美可以使欣赏者心旷神怡，专注于对审美对象本身的欣赏。黄山，比较典型地代表了中国自然审美从致用、比德到畅神的审美观念的演变。

黄山，对于我还有一些特殊的意味。第一次的黄山之旅，让我感受到了大自然的神奇之美，让我对游览高山大川产生了强烈的冲动，随后又游览了桂林、三峡、黄果树等山川美景，奠定了我一生热爱旅游的基础。

南迦巴瓦峰

把南迦巴瓦峰排在十大最美山峰第一位，或许“选美中国”的评委们自己都有些意外，他们想了许多理由来解释，诸如审美观念的轮回、回归自然的渴望、主流文化的转移等。其实，若按中国传统自然审美“致用、比德、畅神”的三段论观点来看，能够让人赏心悦目就达到了“畅神”的最高审美阶段。需要解释的或者说需要解决的问题是，目前还只能有少量游客有机会到南迦巴瓦峰来“畅神”。南迦巴瓦峰（图 3.5、

图 3.5 南迦巴瓦峰，西藏林芝。南迦巴瓦藏语的含义是“直刺天空的长矛”，藏族人认为各路神仙经常来此聚会。那飘动的旗云就是神仙煨起的桑烟。

图 3.6　南迦巴瓦峰，西藏林芝。色季拉山口飘扬着经幡，那是藏族人祈福挂上的，风吹动这些经幡，就是藏族人诵起经文，祈求神灵的护佑。

图 3.6），位于西藏林芝境内，地处喜马拉雅山脉的东段，奔腾的雅鲁藏布江在它的脚下绕了一个马蹄形大弯，这一带就是著名的雅鲁藏布大峡谷的核心地段。“雅鲁藏布大峡谷”也高居“中国最美的十大峡谷”的首位。

南迦巴瓦峰，海拔 7782 米，位于世界最高峰行列的第 15 位。南迦巴瓦，藏语的含义是“直刺天空的长矛”，藏族人认为它是通天之所，各路神仙常来此山聚会，是神圣的地方。主峰终年积雪，云雾缭绕，从不轻易露出真面目。藏族人认为如果能够幸运地一睹真容，那一定是神灵的眷顾。我便是神灵眷顾的人。我两次经过色季拉山口，两次都见到了苍穹下的南迦巴瓦峰。而且两次神山展现出不同的风采。第一次是旗云飘在山峰的一侧，当地藏人说：看！那是神仙在山顶煨桑烟！第二次是云朵在山腰间飘动，如同神山的七彩衣裙。在第一次的旅途中，有一位同行的历史地理学教授，他曾多次经过色季拉山口，那次是他第一次见到南迦巴瓦峰露出云层，激动得热泪盈眶。

贡嘎山

相比南迦巴瓦峰，贡嘎山就比较容易亲近了，知名度也高得多，在此次“选美中国”评选中位列十大最美山峰第二名。贡嘎山位于四川康定，是距离人口密集城市最近的雪山，主峰海拔 7556 米，是四川境内最高峰，被誉为“蜀山之王”。杜甫诗句“窗含西岭千秋雪，门泊东吴万里船”中的西岭，有人推测可能就是贡嘎山。不过，地处川西坝子的成都常年云雾笼罩，一年当中见到太阳的日子都不多，更别提西岭雪山了。就在 2016 年 7 月的某一天，成都雨后放晴，雪山突然就出现在西方。成都人高呼：原来杜甫没有骗我们！

西岭究竟是不是贡嘎山另当别论，是否能够见到雪山还要看运气。就连在号称贡嘎山最佳观赏地的新都桥，也不是随时都能见到贡嘎山真容的。新都桥位于 318 国道沿线，是康定县所属的一个镇，四周山峦连绵起伏，树木葱茏，藏寨散落其间，草原上牛羊点点，被誉为摄影家的天堂（图 3.7）。沿川藏线进藏的旅行者都会选择在这里停留一晚，期待着第二天清晨有幸一睹贡嘎日照金山的壮观景象。

那次的同行者中有一位摄影师，曾六七次到访新都桥，但是从

图 3.7　藏式雕房和白塔，四川新都桥。新都桥镇四周山峦连绵起伏，树木葱茏，藏寨散落其间，草原上牛羊点点，被誉为摄影家的天堂。

未见到过日出金山的景象，高耸入云的贡嘎山不肯轻易从云层中露出身形。前一天晚上，他就嘱咐大家不要寄予太大的希望，但第二天早晨他还是很早起床，叫醒大家。天还没亮，牧羊人早已出门放牧了，一声悠扬的藏族歌声传来，那是我听过的最美的牧歌（图 3.8）。正当我陶醉于牧歌的时候，有人大喊：看！日照金山！果然，金色的朝阳照耀在雪山上，红彤彤的艳得醉人。当我慌忙架好照相机的时候，主峰的金色已经退去，只有旁边的两座山峰还有一抹红晕。

图 3.8　贡嘎山下的牧场，四川新都桥。一声悠扬的藏族歌声传来，那是我听过的最美的牧歌。

最美的湖泊 》

中国传统审美中山水不分家，有山必有水。歌咏湖泊河流的诗词更是俯拾皆是。“行到水穷处，坐看云起时”“闻道神仙不可接，心随湖水共悠悠”，多么令人向往的意境啊。《中国国家地理》的“中国最美的地方排行榜”评选出的“中国最美的五大湖”仍旧出人意料。既没有“衔远山、吞长江”的洞庭湖，也没有“月华三万顷”的太湖，更不会有“半城山色半城湖”的大明湖。“淡妆浓抹总相宜”的西湖勉强入选，忝列末位。《中国国家地理》杂志给出的评选标准包括：湖面与环境和谐美、生物丰富多样、人文积淀独特等。榜单上位居前三位的分别是青海湖、喀纳斯湖和纳木错，它们都是近些年才渐渐被人知晓的西部的湖泊，由此看来“鲜为人知”“人迹罕至”似乎是当时评选的隐形标准。

“排行榜”是一把双刃剑。专家们在评选的时候，榜单上的地名或许还鲜为人知，但是一旦上了榜，知名度迅速提升，当年人迹罕至的宁静湖水，如今几乎都已经是人声鼎沸的喧闹之所了。“中国最美的地方排行榜”除了上榜名单以外，还提供了一个入围名单。这个名单上的景点似乎比上榜名单知名度蹿升的速度稍慢，在评选十年后的今天看来，或许更值得游览。总的来说，排行榜单能够提供一个出游的基本参考，但也不必按图索骥地去看。许多没有上榜的美景仍然具有强大的生命力，特别是那些具有深厚人文积淀的地方更值得期待。下面重点介绍几处我特别推荐的最美湖泊。

青海湖

青海湖之行，也是我早期旅游经历中记忆深刻的一次。那次旅行让我懂得旅途有危险以及互助的意义，通过那次旅行我才知道自己是一个"钝感"的人。旅行时间大概是1991年6月份，鸟类繁殖已过盛期，鸟岛上的斑头雁大都带领着新近繁殖的子女们远走高飞了，鸬鹚岛上的鸬鹚还盘踞在那里。前往鸟岛的途中，遇到了一次惊心动魄的交通事故。那天下着小雨，空旷的青藏公路上格外宁静，只有我们的车在急驰前进，忽然一辆红色桑塔纳从身边快速地超过去，迅速地消失在前方雨雾之中。不到15分钟之后，发现前方道路上有人站在路边挥手拦车，停车一看，刚才超车的那辆红色桑塔纳车轮朝天翻倒在路旁的积水中，车下还压着人，我们车上的4个人赶紧跳下车救人，费了很大的力气，把车抬起，把人抬出来，人已经昏迷不醒了。那时候，青海湖很少有游客，公路上往来车辆很少，也没有旅游设施，恰好有一辆前往茶卡送菜的卡车经过这里，把车上的人都抬进卡车，叫他们送往茶卡的医院。后来听说事故车上的人都康复了，是不幸之中的万幸。

在回程路过海拔3520米的日月山口，我热情高涨地下车游览，同行的人则无论如何都不肯下车。日月山口，是农耕地区和游牧地区的分水岭，山口以东，有农田，有树木，山口以西，就是连绵的草原了。在这个海拔高度，同行的人有了明显的不适症状，感觉头痛，而我仍然一点特殊的感觉都没有，于是落了个"钝感"的评价。

2011年，时隔二十年之后，我自驾车从甘肃的阿克塞翻越祁连山进入柴达木盆地，经过德令哈到青海湖。青海湖畔骑行者络绎不绝，二郎剑景区人声鼎沸，在青海湖至西宁的高速路上遭遇大堵车。从旷野之美的柴达木，到喧闹嘈杂的青海湖，就像从天宫坠落凡尘（图3.9、图3.10）。

图 3.9　青海湖畔，青海刚察。青海湖是中国最大的内陆咸水湖，位于青海省刚察县、共和县及海晏县境内。

图 3.10　青海湖畔，青海共和。青海湖的旅游开发已经很成熟，每年 6、7 月份是旅游高峰期。

不过平心而论，青海湖之美还是堪当第一的。青海湖，中国最大的内陆咸水湖，古称西海，传说是西王母的瑶池，有传说是文成公主入藏时投下的日月宝镜。美丽的传说，加上碧蓝湖水、飞鸟翔集和岸边广袤草原的自然野性之美，青海湖是美的。

长白山天池

长白山天池是中国最大的火山口湖，也是世界海拔最高、积水最深的高山湖泊，还是松花江、图们江和鸭绿江的三江发源地。由于海拔高、湖水深，所以一直以来受到的人为干扰较小。由于山上气候恶劣，很长时间以来，只有夏季很短的时间可以到达湖边，近年来旅游开发逐渐成熟，北坡、西坡和南坡都可以登顶到达湖边（图 3.11）。

最美的峡谷 »

如果说最美的山和最美的湖的评选还考虑人文积淀因素的话，最美的峡谷则纯粹是地理概念上的评选。评委们都是地理、地质研究领域的专业人士，从入围的 20 个当中选入上榜的 10 个最美的峡谷，前三位分别是雅鲁藏布大峡谷、金沙江虎跳峡和长江三峡。正如评委所说："凡是自然的都是美的"，上榜名单多数都是少有人类活动的峡谷。

我更倾向于认同"最美峡谷"编辑手记中的观点，峡谷的美在于历史文化和民族文化的独特价值与意义，那种被人类文化和精神深深浸染的峡谷才是最美的。十大峡谷中我到过其中的四个，这里介绍两个人文风情浓郁的大峡谷：怒江大峡谷和黄河晋陕大峡谷。

▲ 图 3.11 长白山天池，吉林长白山

怒江大峡谷

云南西部，在碧罗雪山和高黎贡山的夹峙下，怒江沿着 300 多千米长的大峡谷奔流南下，峡谷内怒江两岸世代居住着傈僳族、怒族、独龙族、普米族等 12 个勤劳勇敢、粗犷豪放的民族。这是一条充满自然美和民俗风情的大峡谷。2012 年春节前，我通过搭乘公交车和徒步相结合的方式，到怒江大峡谷采风，淳朴的民风、风云变幻的美景给我留下极为深刻的印象（图 3.12、图 3.13）。

图 3.12　怒江大峡谷，福贡老姆登。碧罗雪山半山坡上的老姆登村翠竹环抱、白云缭绕。向北眺望，六百里怒江从天边垂下，化作脚下的滚滚浪花。

图 3.13　劳作的怒族妇女，福贡老姆登。在峡谷两岸不算富庶的土地上，勤劳的怒族和傈僳族种植苞谷、茶叶，养猪、养羊，安居乐业，生活得悠然自得。

简单谈谈我的旅行方式吧，这是朋友们常常问起的话题。我的旅行大多是独往独来的自助游，偶尔遇到志同道合者，如果时间和兴趣也合适的话，就一起同游。旅行的方式主要有三种形式：一是自驾游，从北京出发单程距离在 800~1000 千米以内的，基本都是自驾，以北京周边省份为主，也有很多次全程 8000 千米至 1 万千米的长距离自驾游；二是从北京乘飞机或者火车到当地中心城市，再租车自驾，这基本都是距离北京比较远，而且当地交通不太便利或者目的地偏僻的地方；三是全程依靠公共交通工具，飞机、火车、长途汽车、中巴、微型面包车、农用车、摩托车，能坐什么车就坐什么，基本上想去的地方都能通达。三种方式各有优、缺点，自驾游的好处是方便，能够携带顺手的器材和装备，想在哪里停留都随意；不足是缺少了旅途中偶遇带来的意外之喜，与当地人的融入度也稍差。租车自驾的好处是省去了长距离的赶路，除了携带行李和器材受到一定制约外，便利性与自驾相仿。全程公交的好处是能够全方位体验旅途的乐趣，购票、候车、旅途中与素昧平生的人热聊，不确定性也是旅途的乐趣之一，这时候的行李装备要简单实用，避免累赘，旅行的节奏慢，时间花费也比较多。

这次怒江大峡谷之旅，采取的是全程公交的方式。先从北京飞到昆明，然后坐长途卧铺车到怒江州首府六库，乘中巴车到匹河，坐农用车去老姆登和碧江，回到匹河等候中巴车到贡山，然后坐微型面包车到丙中洛，周边村落徒步。旅途中，与赶集的怒族妇女们挤在农用车上说笑，被醉酒的怒族兄弟拉到家里喝浓烈的苞谷酒，迷路走进茶厂老板家喝地道的晒青……这都是公交方式带来的独特乐趣。

晋陕黄河大峡谷

提到壶口瀑布，几乎无人不晓，可是说起晋陕黄河大峡谷，知道的人恐怕就不多了。壶口就是黄河大峡谷中最狭窄的一段。比起长江三峡，中国第二大河黄河峡谷似乎显得平淡无奇。俗话说“黄河九曲十八湾”。黄河一路蜿蜒到了内蒙古托克托县河口的时候，从西向东的河流又拐了一个大弯向南进入峡谷地带，在鄂尔多斯高原的夹峙下奔腾南下，河东是吕梁山脉，河西是黄土高原，到山西禹门口冲出峡谷，形成全长七百多千米的大峡谷。

黄河大峡谷流域是孕育中华文明的核心地带，它的最大特色在于丰富的人文底蕴。传说伏羲氏在见到乾坤湾之后，大受启发，始作八卦；大禹治水在孟门凿通天下黄河第一门；万里长城从山海关老龙头开始蜿蜒西行，至河口南面的老牛湾与黄河相遇，中华民族的精神象征在此交汇（图 3.14、图 3.15）。李白诗云："黄河西来决昆仑，咆哮万里触龙门。"诗中的龙门，就是峡谷南端的禹门口。王之涣"欲穷

图 3.14　黄河与长城的握手，老牛湾，山西偏关。明代长城在老牛湾的黄河岸边建有一个屯兵的老牛湾堡，堡城北侧还有一座高高的砖砌墩台，墩台上书"老牛湾墩"。在这里，黄河与长城交汇，成为中华文明两种精神符号碰撞的地方。

图 3.15　黄河的哺育，碛口，山西临县。碛口曾经是繁华的水陆码头，号称“水旱码头小都会，九曲黄河第一镇”。夕阳西下，有人担水浇菜园，宁静的古镇依然生生不息。

千里目，更上一层楼”的鹳雀楼就在禹门口外黄河岸边。

如今大峡谷流域依然是人口密集的区域，一座座大桥横跨两岸，西煤东运的车辆川流不息，万家寨水电站气势宏伟，沿黄公路方便快捷。

最美的草原 》

“敕勒川，阴山下，天似穹庐，笼盖四野。天苍苍，野茫茫，风吹草低见牛羊。”每当我吟诵这首词的时候，就心潮澎湃，想象自己骑着一匹枣红骏马驰骋在辽阔的草原上。我看过的小说和电影都不多，但《狼图腾》却是我非常喜爱的小说，当根据小说改编的同名电影上映时，我充满热情地走进了电影院。

中国曾经拥有非常辽阔的草原，北方逐水草而居的游牧民族在历次的民族融合中，已经构成中华民族不可分割的组成部分。或许是中国的农耕文明具有更强大的生命力，游牧文明逐步被同化了，草原也大幅度地萎缩了。“中国最美的地方排行榜”评选的最美的六大草原，结果应当说不出意料，呼伦贝尔东部草原、伊犁草原和锡林郭勒草原位列三甲（图 3.16 至图 3.19）。

图 3.16　骏马奔驰，呼伦贝尔草原。

图 3.17 曲水天成，牛羊遍地，锡林郭勒草原。

图 3.18 放牧的老赵，呼伦贝尔草原。

3.19 草原人家，锡林郭勒草原。

内蒙古东部的两个大草原锡林郭勒草原和呼伦贝尔草原都进入排行榜，草原上河流纵横、湖泊点点，蓝天上白云悠悠，湖畔蒙古包点缀，草毯上牛羊遍地，这个时候似乎不由自主地吼起来，纵然是五音不全，那歌声竟也是如此动人。相比呼伦贝尔草原，我更喜欢锡林郭勒草原。呼伦贝尔草原过于平坦，平坦得一望无际，眼睛没有一个停歇的地方。锡林郭勒草原多了起伏，多了韵律，特别是从西乌珠穆沁途经东乌珠穆沁到满都胡宝拉格这一片区域，无论是绿草、蓝天还是洁白的羊群，所有的色彩都是那么和谐地浸润着心田。

老财说 之 旅游与地理

关于旅游，有一个颇具调侃意味的俗语：从自己呆腻的地方到其他人呆腻的地方去。它揭露了旅游的实质，地理环境的差异是产生旅游活动的重要动机。换句话说，就是到另外一个地理空间去，欣赏常驻地以外的地理风貌以获得愉悦。

旅游的另一个通俗说法是“游山玩水”，但又不限于游山玩水。北魏时期伟大地理学家郦道元，游山玩水的同时饱读诗书，不仅仅从游历山水过程中获得愉悦，还注重对旅游地的地理地貌特别是水文地里的考察，最终完成地理学重要著作《水经注》。明代伟大的旅行家徐霞客，青年时期立志遍游天下名山大川，30年间历尽艰险，足迹遍及祖国大半疆域，他不满足于看看景色、写写游记，对喀斯特地貌分布及其发育规律进行了科学的考察和精确的记录，这些成果被后人整理成《徐霞客游记》。

旅游学上把地理资源作为重要的旅游资源，旅游地理学已经成为一个独立的学科，地理杂志逐步演变成了旅游刊物。可见旅游和地理的密不可分的关系。按照中科院地理所杨逸畴研究员的观点：“凡自然的都是美的”，地理地貌提供的自然景色，本来没有不美的地方，那么从自然美景中获得怎样的美的愉悦，根本上说全凭旅游者个人的自我感觉了。“天地有大美”，我希望每一个人都能够从大自然的旅游当中获得最多的美的享受。这也是本书的宗旨。

推荐游览：

黄山　　泰山

西湖　　　　　呼伦贝尔草原

推荐阅读：

徐霞客．徐霞客游记 [M]. 朱惠荣，译注．北京：中华书局，2015.

[法]沙海昂．马可波罗行纪 [M]. 冯承钧，译．北京：中华书局，2014.

[瑞典]斯文赫定．亚洲腹地旅行记 [M]. 南京：江苏文艺出版社，2017.

[德]李希霍芬．中国旅行日记 [M] 北京：商务印书馆，2016.

蒋勋．天地有大美 [M]. 桂林：广西师范大学出版社，2006.

[英]丹尼尔·笛福．鲁滨孙漂流记 [M]. 北京：人民文学出版社，1959.

视频资料：

推荐资料	推荐说明	二维码
《大黄山》纪录片	本片内容如下：“人间仙境”全景展现了黄山的绝美风光，“生灵天堂”讲述了动植物与自然的和谐共处，“石破天惊”呈现了黄山不被大众所知的前世今生，“筑梦徽州”一展极具地方特色的徽州文化，“山水画卷”诠释了艺术家眼中的黄山，“秘境之地”则讲述了黄山在保护和开发过程中的种种趣闻，内容之丰富，犹如影像版的“黄山百科全书”。	

第四讲

湖光山色

——清苦老财的寻美中国

这一讲继续关注自然风光之旅。上一讲我们采纳了专家评委们“选美中国”的观点和结论，择要介绍了九处《中国国家地理》评选的中国最美的地方。这一讲主要根据我的旅游经历，介绍一些我眼中的中国最美的自然风景，姑且称之为“清苦老财版寻美中国”。我的旅游实践总体上说比较注重人文积淀，即使是大自然的美景，如果与人类和谐共处，赋予自然以人文情怀，那样的美景，比绝世孤立的纯粹自然的景物更能够引起旅游者的情感共鸣。

《论语·雍也》篇中，子曰：“智者乐水，仁者乐山；智者动，仁者静；智者乐，仁者寿。”孔子认为：水是灵动的，象征着活跃思维；山是凝重的，象征着仁厚的性格。其实，孔子心目中的君子是智仁双全的，因此山水都能带来愉悦的感受。在中国传统审美中，常以景比德、借景抒怀，山水景物或晴或阴、或全或残、无论春秋、更得日月，怎么看都能看出美。随便翻出几句：“水光潋滟晴方好（苏轼）”“斜风细雨不须归（张志和）”，这是晴也好雨也好；“映日荷花别样红（杨万里）”“留得枯荷听雨声（李商隐）”，这是鲜花盛开当然好，枯萎残败也不错；“春江水暖鸭先知（苏轼）”“秋水共长天一色（王勃）”，这是春水美、秋水也美；“日出江花红胜火（白居易）”“湖光秋月两相和（刘禹锡）”，这则是山水与日月相得益彰。所以，山水的人文之美是中国传统审美的核心内容之一。

本讲以湖光粼粼、林海苍苍、水波澹澹为题，介绍九处充满人文风情的自然美景。

湖光粼粼

新路海，四川德格

新路海，是位于雀儿山下的冰川溶蚀湖。雀儿山号称川藏公路“第一高、第一险”，主峰海拔 6188 米。新路海就是由雀儿山上的冰川溶水形成的自然湖泊。新路海的藏语名字叫作“玉龙拉措”，是“心倾神湖”的意思，传说藏族史诗《格萨尔王传》中的英雄格萨尔王的爱妃珠牧来到湖边，被此处湖光山色所吸引，徘徊湖边流连忘返，最终竟化身为美丽的玛尼石永久留在湖中。后人为了纪念珠牧，将湖取名为“玉龙拉措”。

类似新路海这样的湖泊在川西和藏东的高山地区多得数不清，但是新路海的湖畔和湖心中散落着无数的玛尼石，给新路海增添了浓厚的人文色彩。玛尼石是藏族的一种传统石刻艺术，在石块上刻上六字真言、慧眼、神像或者其他吉祥图案，用来祛邪求福。藏族人相信，刻有六字真言的石头会有一种超自然的灵性，给人们带来吉祥如意。新路海的这些玛尼石是藏族人长时间积累下来的，遍布湖畔、湖中和措曲河源头。

自然宁静的新路海其实交通是很便利的，距离甘孜县城和德格县城都是一百千米左右，位于川藏公路 317 国道旁，由于现在进藏的人大多走 318 国道，所以这里保持着比较宁静的状态。在湖边宿营是一个非常好的选择，带上水和食物，书和音乐，还有一颗热爱自然的心。

坐在湖畔，看着湖水冲刷着“唵嘛呢叭咪吽”六字真言，仿佛心中也随之不断诵念，内心忽然变得无比宁静。虽然人们都认为水是灵动的，但是新路海的湖水却是宁静的，宁静的让人只想静静地坐在那里，什么也不想，什么也不做。在不想不做之中，不知究竟是佛祖的“不争”，还是道家的“无为”，让你内心得到了净化（图 4.1、图 4.2）。

图 4.1 新路海，四川德格。新路海的湖畔和湖心中散落着无数的玛尼石，藏族人相信，有六字真言的石头会有一种超自然的灵性，给人们带来吉祥如意。

图 4.2 新路海，四川德格。新路海的泄水就是措曲河源头，最终汇入长江流入大海。

洱海，云南大理

滇西北的大理、丽江、香格里拉一线一直以来都是旅游热点，甚至热得过了头，有点不像样子了。大浪淘沙，在浪潮席卷之后总有一些能够沉淀下来，静静地守住原来的生活。大理就是这样一个地方。大理有“苍山雪、洱海月”之美誉，但我觉得大理的魂在于洱海。不必拘泥于大理古城，骑上一辆自行车，就在洱海畔的村子里逛荡个一天半天，就会觉得再也忘不掉那碧绿的湖水和洁白的云朵了（图 4.3）。白族大嫂展开一块她们亲手制作的扎染，希望你是一个识货的人，即便你不打算买，她们依然会送上一个笑脸。古老的喜洲民居里（图 4.4），传来爽朗的笑声，过路的陌生人被五朵金花们的笑声感染着。也许你会被“双廊”这样的新兴旅游热点所吸引，去或者不去都没有关系，大理，终究还将是洱海的大理。

图 4.3　洱海上空的云，云南大理。

图 4.4 喜洲民居，云南大理。

泸沽湖，云南宁蒗

最早知道泸沽湖是在 20 世纪 70 年代末的一本《人民画报》上看到的一则报道，知道泸沽湖边有一个女儿国，那里的摩梭人过着“走婚”的母系氏族生活。那时候我还没有离开家乡到北京上大学，已经对祖国的辽阔、各地风情的多样充满了好奇，当时并没想到有朝一日我会真的来到泸沽湖畔，置身于女儿国。现在回想起来，之所以三十多年来对旅游乐此不疲，恐怕是少年的时候就有了一颗向往远方的心。一旦条件具备，这颗心就带着我从远方走向更远的远方。余纯顺说："在远天底下，有许多我迟早要去，也终必能去的地方，我摆脱不了在心灵中流浪，又要在天地间流浪的命运的诱惑。"或许每个人心底里都有一颗向往流浪的心，只是缺少让这颗心主导命运的契机罢了。

泸沽湖是位于四川省盐源县与云南省宁蒗县交界的一个高原淡水湖泊，湖畔生活着蒙古族、彝族、普米族、纳西族以及摩梭人等少数民族，保留着原始淳朴的生产和生活习俗（图 4.5、图 4.6）。最神秘的风情莫过于摩梭人的母系氏族生活了。摩梭人并不是一个民族的称谓，他们是古羌人的后裔，后来归入纳西族的一个支系。云南永宁地区的摩梭人保留着母系氏族生活习俗，男女不嫁娶，过着走婚生活，生育的儿女跟随母亲生活，母亲为一家之主，家中的男性成员是舅舅而不是父亲。

摩梭人能歌善舞，喜欢跳一种叫作"打跳"的舞蹈。这种舞蹈节奏欢快、高亢奔放，每当夏夜，摩梭人燃起篝火，借着笛声和葫芦丝，跳起打跳，欢乐顿时充满整个夜空。

图 4.5　梦幻泸沽湖，云南宁蒗。

图 4.6　划船的摩梭姐弟，泸沽湖，云南宁蒗。

林海苍苍

阿尔山，内蒙古兴安盟

阿尔山其实不是一座山，而是一座小城，它是蒙语的音译，是“圣水”的意思。这座小城拥有许多的“中国第一”：是中国人口最少的一个城市；是全国人均森林覆盖面积最高的一个城市。阿尔山一带的大兴安岭曾经是火山频发地区，至今仍有很多地热温泉，而温泉在当地蒙古族人心目中就是“热的圣水”。阿尔山是位于大兴安岭中部的一个林区小城，处于我国四大草原的结合点（图 4.7、图 4.8），北面是呼伦贝尔大草原，南面是锡林郭勒草原，东面是科尔沁草原，西面是蒙古草原。四大草原的结合点不是草原，而是山林，听起来很意外，也很有诱惑力。阿尔山曾经是古老火山活动的地带，火山喷发后形成了天池和堰塞湖，湖的周边生长着茂密的森林。森林以白桦和落叶松为主，夏季满山青翠，到了秋天，秋风给山林涂上五彩斑斓的色彩，更是另一番童话的世界。

蒋勋说："旅游，是一种极大的反省。"此言甚是。阿尔山国家森林公园自然美景固然诱人，但似乎并不是一个可以让人停下脚步畅想发呆的地方，一个遇到的不经意的细节让我产生了些联想。那天清晨要赶去杜鹃湖看日出，在黎明前的黑暗中，瞥见路边的荒野里满地晶莹，下车审视，原来是挂满了露珠的蛛网密布于灌木丛之上，密布的

图 4.7　阿尔山风光，内蒙古兴安盟。

图 4.8　阿尔山晨雾，内蒙古兴安盟。

蛛网是捕捉蚊子的。在杜鹃湖畔长满了青苔和花草的火山岩石间，有一群小精灵警惕地忙碌着，那是小豚鼠在忙着觅食。每只小豚鼠都紧张兮兮地、大口大口啃食着花草。有的小豚鼠在大便，瞪着眼、弓着腰，听见脚步声“刺溜”钻进洞里，过一会儿爬出洞又接着吃草。湖中有一只鱼鹰，不时地钻入水中捕鱼。可是，它的收获似乎不多，钻入水中三五次才能叼着鱼，其余都是空着嘴巴出来。鱼鹰刚刚把鱼吞进肚里，听见人的脚步声，又急急忙忙飞走了。看着它吃力的划水、振翅，飞走的样子，觉得有些对不住它，我不应该打扰它的。天空渐渐亮起来了。一位捕鱼人来到湖边，放下轮胎做的橡皮舟，穿好水裤和皮围裙，走到湖水里面察看早已经布在水里的渔网。没发现网中有鱼，又把网重新布好，用木铲子一样的桨划入湖中，他要到对岸去察看其他的渔网。蜘蛛结成的浩瀚的蛛网，豚鼠紧张地吃草拉屎，鱼鹰屡次潜水却空手而归，捕鱼人在冰冷的湖水里察看空空如也的渔网，还有永不停歇的小蜜蜂……早晨的一幕幕串联起来，顿时明白了一个道理：这个世界上，谁的生活都不容易啊！

鲁朗林海，西藏林芝

我的一个热爱自助游的朋友在到过鲁朗之后，给自己起了一个网名叫作“愿做鲁朗牧马人”。当我来到鲁朗后，也有同样的感觉，真想停下来不走了，守着雪山、森林放一辈子牛羊。鲁朗，藏语的意思是“神仙居住的地方”，是西藏林芝县的一个小镇。小镇雪山环伺、林木葱茏。牛马悠闲地吃着青草，鸟儿自由地翱翔在天空。

鲁朗平均海拔 3800 米，由于林木茂密（图 4.9），含氧量丰富，宛若西藏江南，人在其中，高原反应也不那么强烈。当地有一种特色美食——石锅鸡，石锅由整块石头雕琢而成，用一种当地特产五爪参

图 4.9　雪山环伺的鲁朗林海，西藏林芝。

图 4.10　夕阳照耀下的雪山，鲁朗，西藏林芝。

▲

图 4.11　仙境中的扎西岗村，鲁朗，西藏林芝。

作配料炖制的土鸡，绝对美味！吃过石锅鸡，捧一杯清茶，坐在宾馆顶层的平台上看雪山，看雪山在太阳的光影下变幻着颜色。艳阳高照的雪山是洁白的，黄昏时分变成金黄色，太阳落山前后就会是红彤彤的，太阳落山后月亮升起来了，雪山就变得蓝莹莹的（图 4.10）。此时有两个感慨：一是太自然真神奇！二是会摄影真好！

清晨，还有另外一幅美景等着我们。由于海拔、植被及温差的关系，鲁朗比较容易出现层流雾，雾气贴着地平面流动，地上的景物在雾中时隐时现，仿佛仙境一般。若是层流雾出现在扎西岗村（图 4.11），那就更美了，房舍、树木若隐若现，骑着高头大马的藏族小伙从雾中款款走来，那情景如梦如幻。在“神仙居住的地方”，即使做不成鲁朗牧马人，做得半晌神仙也是极大的满足。

胡杨林，内蒙古额济纳

我国境内分布有三大胡杨林，分别是轮台胡杨林、额济纳胡杨林和格尔木胡杨林。额济纳旗位于巴丹吉林腹地的沙漠绿洲中，巴丹吉林沙漠是世界第四大沙漠。如今地处荒漠，人烟稀少的额济纳，历史上曾经水草丰美之地。祁连山的雪山融水汇成黑河，流入巴丹吉林沙漠的居延海，匈奴、党项等游牧民族曾世居于此。汉代骠骑将军霍去病入居延收河西，就从居延进入河西走廊的。20 世纪 30 年代在居延地区的汉代烽燧考古中出土了一批汉简，今人可以通过“居延汉简”对汉初居延地区的军事政治有所了解。唐朝，居延是通往边塞的要道，许多边塞诗都以居延为背景。王维著名的诗句“大漠孤烟直，长河落日圆”，就是途经居延时所写，诗中的长河推测可能就是黑河或者居延海。西夏时期，党项人在这里营建黑城，城的遗址规模宏大，可以想见当时的人口规模。后来蒙古人占领了黑城，再后来，明朝军队把蒙古人赶进漠北，黑城便荒废了。以后，黑河水量减少，慢慢地荒漠化了。

如今额济纳最负盛名的景色就是胡杨林。胡杨是一种生命顽强、耐旱耐涝的树种，有“生长千年不死、死后千年不倒、倒后千年不腐”之美誉（图 4.12）。秋季，是胡杨最美的时候。风轻云淡、天空如洗，一株株金黄色的胡杨，仿佛是燃烧的火炬，光亮耀眼。秋风袭来，树叶婆娑起舞，舞影中传来一阵驼铃（图 4.13）。2009 年秋，我独自驾着车从北京出发，经内蒙古临河进入额济纳。翻越阴山之后，就是一片荒漠戈壁的景象了，简易公路在漫漫戈壁中笔直地延伸，前方直通天际，从后视镜往后望去，我的身后只留下滚滚的扬尘……偶尔会有几匹野骆驼进入视野，或是海市蜃楼若隐若现，除此之外，就是无尽的荒漠。那一刻我心中充满了豪迈，也伴随着一丝恐惧。豪迈加上恐惧，却是一种组合巧妙的美的感受（图 4.14）。加缪说：“旅行中最有价值的部分是恐惧。”这话有道理。

图 4.12　胡杨礼赞，内蒙古额济纳。胡杨是一种生命顽强的树，有“生长千年不死、死后千年不倒、倒后千年不腐”之美誉。

图 4.13　驼铃，内蒙古额济纳。

图 4.14　黑城落日，内蒙古额济纳。

水波滟滟 》

额尔古纳河，内蒙古呼伦贝尔

2012 年，我和朋友们自驾车绕着东北的边境线画了一个大圈，沿着额尔古纳河、黑龙江、乌苏里江、鸭绿江一路下来，最精彩的一段莫过于额尔古纳河畔的美丽风光和人文风情。额尔古纳河上接海拉尔河与呼伦湖的泄水，一路向北再折向东后，就称为黑龙江。从满洲里去室韦，一路几乎都有额尔古纳河相伴。

额尔古纳是蒙古族的发祥地。额尔古纳河畔至今仍有一个叫作室韦的小镇，它就得名于蒙兀室韦，一个蒙古族源头部落。这个逐水草而居的游牧部落，不断迁徙、不断征伐、不断融合，最终被成吉思汗统一成一个统一的蒙古族。额尔古纳还是我国俄罗斯族的聚居地。额尔古纳河历史上曾是中国的内河，清康熙与沙俄签立《尼布楚条约》时，把额尔古纳河以西地域割让给了俄罗斯，成了中俄的界河。一部分俄罗斯人就留在了中国境内，后来又有淘金的俄罗斯人陆续前来，以及后来去俄罗斯闯荡娶了俄罗斯妇女的中国人回来定居，逐渐地就形成了俄罗斯族。

从黑山头、经五卡到七卡有一条临江的沙石路，这是一条地图上未标明的道路。黑山头到五卡一段仍是牧区风光，有了河流和丘陵，风光变得丰富起来，牛马等大型牲畜更多了，羊群少见了。遇到一个大规模牛群的迁徙，从第一头牛出现到最后牛群过完，大约有二十分钟的时间。牛群过处，扬起的尘土遮天蔽日，留下的牛尿成河，牛粪如山，真是壮观。

渐渐地，河畔的风光变成了农耕区，出现了油菜田和麦田。大多数油菜已经结籽，河畔仍有一小片的油菜花还开着。路旁的养蜂人，也在紧张地忙碌着，随着菜花结籽，或许养蜂季就该结束了，要忙着收获甜蜜的成果。

我有一句口头禅：“没有不可以错过的风景。”在旅行目的地难以选择的时候，在旅行计划越来越庞杂的时候，或者在一个地方流连忘返的时候，常会说这句话。快到七卡时已经接近黄昏，夕阳、晚霞、曲水、油菜花在眼前构成一幅美丽的图画（图 4.15），嘴里说着“没有不可错过的风景”，脚下同时踩下了刹车。在额尔古纳河畔，我一遍遍说着“没有不可错过的风景”，却又一次次地停下脚步（图 4.16）。

图 4.15　额尔古纳河畔盛开的油菜花，内蒙古呼伦贝尔。

图 4.16 牧人，额尔古纳河畔，内蒙古呼伦贝尔。

普者黑，云南文山

“普者黑”，一个听上去很奇怪的地名，是彝族语“满是虾蟹的池塘”的意思，是云南省文山州丘北县的一个村子。这里是喀斯特岩溶地貌，湖泊、峰林、溶洞，湖上种植万顷荷塘，湖畔的村子里居住着彝族、苗族、壮族等少数民族。优美的自然风光加上多彩的民族风情，成为声名鹊起的旅游目的地（图 4.17）。我到文山是奔着坝美去的（这个壮族的村子以后会介绍），但是文山人不约而同地跟我推荐普者黑：去普者黑吧！堪称第二个桂林！比桂林还漂亮！

刚一踏上前往普者黑的中巴车，邻座的小伙子就热情地跟我聊起来。他是普者黑村人，今年 25 岁。普者黑是汉族、彝族杂居的村子，

图 4.17　普者黑的湖泊、峰林和村庄，云南文山。普者黑是喀斯特岩溶地貌，湖泊、峰林、溶洞，构成山水田园风光。

他是汉族。当地的村民以农耕为主，水稻、苞谷是主要粮食作物，烟叶是主要的经济作物。他家种了 6 亩烤烟、4 亩苞谷，还有一些其他的农作物。但这一年烟叶收成不好，先旱后涝，除去成本，一亩烟叶只能收入 300 元。他有三个孩子，其中有一对龙凤双胞胎，孩子要上学，全家每年支出至少要 6000 元。烟叶收入 1800 元，其他就要靠他出门打工挣钱。今天他就是出门给人家打工捆烟叶去了。一幅农村家庭的生活图景，就在小伙子朴实的话语中勾勒出来了。

普者黑距离丘北县城不远，中巴车很快就到了。下车后，小伙子拉着我去他家看他的烤烟叶，还要带我去月亮洞和观景台。我打算在普者黑住一晚上，小伙子帮我介绍一家农家乐（图 4.18）。

图 4.18　待客轻舟，云南文山。农家乐的男主人说："你要是再早来两个星期就好了，7、8 月份万亩荷花盛开，我带你摇上小船在湖上兜风，吃荷叶烤鱼、湖水汆鱼，可是安逸得很啊！"

九寨沟，四川九寨沟

九寨天下水！要论水的灵动，哪里也比不上九寨沟。本不打算介绍那些大红大紫的旅游热点，但是要说自然山水，九寨沟是无法回避的。九寨沟位于四川省阿坝藏族羌族自治州，是中国第一个以保护自然风景为主要目的而设立的自然保护区（图 4.19、图 4.20）。因为有九个藏族村寨坐落在一个形状如“Y”的沟谷中而得名。沟谷内溪流串起高山湖泊，瀑布叠水凌空飞落，引水的竹筒哗啦啦地冲动着转经筒……忽然传来悠扬的弦子曲调，乐观、朴实的藏族人跳起了锅庄舞，无论如何也按捺不住内心的激动，纵情地冲进人群，享受无拘无束的欢乐。

一直以来，九寨沟深处秘境不为外人知晓，20 世纪 80 年代被架设电缆的电信工人发现后引起世人瞩目。80 年代末，有朋友从九寨沟回来展示他的照片，美得令人窒息。我第一次去九寨沟是 1996 年，那时候我刚刚开始学习摄影两年，已经掌握摄影的基本技巧，正是热情高涨、跃跃欲试的阶段，在任何人都能拍出明信片一样的照片的九寨沟，我开始思考如何拍出跟明信片不一样的、属于自己的风光照片。

现在的九寨沟，知名度非常高，交通也很便利，黄金周期间游人特别多，不过 2006 年我再次经过这里的时候，发现当地的旅游管理做得不错，旅游设施、环保车辆、旅游组织都有条不紊，不愧是中国最早设立的自然保护区和最早一批进入《世界自然遗产名录》的项目。

图 4.19　长海轻舟，四川九寨沟。

图 4.20　树正群海，四川九寨沟。

老财说 之 旅游与摄影

在旅途中，我们有机会欣赏到更绮丽的风光、更神秘的生存方式，感受更加神奇的体验，邂逅更意想不到的朋友，经历不同寻常的感动……所有这些新奇的经历，你一定想记录下来，与更多的人分享。如今已经进入全民摄影时代，用照相机记录你的每一份感动已经不是难事了。如果再进一步掌握一些摄影技巧和窍门，可以帮助你捕捉更多的机会、传递更感人的瞬间，也会让旅行和摄影更便捷、更有意义。我经常跟朋友们说：摄影是娱乐的一种手段，不能让摄影拖累旅行，但是掌握一些必要的摄影技巧，却可以令旅行充满更多的欢乐。我会陆续介绍一些旅游摄影的经验之谈，首先谈谈旅游摄影的器材选购和保护。

理论上，任何相机都可以拍摄出好的照片，甚至手机也能拍摄出很专业的照片。但是，用简单器材拍摄优秀照片，需要更多的专业技巧，要想比较容易地拍摄出好的照片，单反相机是明智的选择。随着数码相机日益普及，人手一台单反数码的景象已经随处可见了。

单反相机一个最大的优势在于它有庞大的镜头系列，可以根据需要陆续添置不同的镜头。很多人都认为 28~200mm 焦距段（35mm 画幅等效，下同）的镜头几乎可以涵盖任何你可以看到的景物，旅游者，特别是背包客，摄影器材应该尽量轻便，所以一支大变焦比的镜头是一个很好的选择。也就是所谓“一镜走天下”，绝大多数题材的照片用一支镜头都能够解决。如果喜欢在旅途中经常抓拍一些人文风情的照片，那么还可以考虑再配置一支大光圈定焦镜头，比如 50mm，或者 35mm。我偏好人文纪实类的题材，35mm/f1.4是我最常用的镜头之一。无反相机（或称单电相机）由于省略了反光镜而体积大幅度减小，似乎更适合旅游摄影。相比单反相机，无反相机在对焦速度、耐候性能方面仍有很大的提高空间。

“哪个品牌的相机好啊？”这是我被问到最多的问题。事实上，主流品牌相机都差不多。“这个品牌的相机成像好，那个品牌的相机速度快”都是商业宣传的结果，各个厂家相同定位的相机，成像和速度相差都不大。至于选择哪个品牌，完全凭自己的喜欢，或者看看经常一同旅行的伙伴用什么品牌，因为相同品牌相机的镜头可以通用，万一旅行途中相机故障，可以借用同伴的。

旅途中相机的保护十分重要。对于经常出门旅行、摄影器材又比较多的旅行者来说，一个好的摄影包非常必要。摄影包的作用是保护相机和使相机便于携带。保护相机包括防震、防尘、防水等。摄影包的便于携带性能，我个人认为单肩挎包比双肩背包更实用。一是单肩挎包取拿器材更方便，二是背包客外出旅行一般还有一个大的双肩背包装其他旅行物品，摄影挎包不会与大双肩背包冲突。虽说专业摄影包大都有防雨罩，但是比防雨罩更好用的是大塑料袋，进行水上活动或者遭遇暴雨袭击的时候，把摄影包装进大塑料袋就不用担心器材被淋湿了。当下雨的时候还要拍照，可以用小塑料袋剪开一个口子套在相机上，只把镜头露在外面。这样既可以拍照又可以保护相机了。

还有一点，当你只拿着手机或者卡片相机的时候，你可能不太注意那些扛着长枪短炮的人，可是一旦拥有了单反相机，你可能会有意识或无意识地向那些人靠近，听着那些人滔滔不绝、口若悬河地评价着各种器材，你可能会自惭形秽，恨不得把手里的相机扔了，按着那些人说得再买一套。不过且慢，想想你买相机的初衷，不就是为了让旅行更快乐些吗？为什么要自寻烦恼，让相机成为旅行的羁绊呢？

推荐游览：

九寨沟　　　　阿尔山

推荐阅读：

阮义忠．行・影不离：阮义忠的旅行手札 [M]. 北京：九州出版社，2015.
余秋雨．行者无疆 [M]. 武汉：长江文艺出版社，2012.
[美]保罗・埃文斯．旅行的意义 [M]. 北京：中信出版社，2011.
[英]阿兰・德波顿．旅行的艺术 [M] 上海：上海译文出版社，2014.
葛剑雄．行万里路：葛剑雄旅行自选集 [M]. 北京：商务印书馆，2016.
林达．带一本书去巴黎 [M]. 北京：生活・读书・新知三联书店，2013.
三毛．撒哈拉的故事 [M]. 北京：北京十月文艺出版社，2013.

第五讲

凝固的诗篇

——中国古代建筑欣赏

黑格尔曾说过："音乐是流动的建筑，建筑是凝固的音乐。"也有哲人把建筑比喻为"石头的史诗"。建筑不仅是遮风避寒的设施，同时也是人们艺术生活的灵魂。梁思成说："建筑是艺术之母；建筑是历史的反映。"建筑师罗庆鸿说："建筑是承载历史的，不过历史是看不见的，但建筑却是实实在在地存在着。"

美学大师宗白华先生说："古希腊人对于庙宇四周的自然风景似乎还没有发现。他们多半把建筑本身孤立起来欣赏。古代中国人就不同，他们总是要通过建筑物、通过门窗，接触外面的大自然。"古诗词最能够形象地阐释宗先生论点的含义了，滕王阁的"落霞与孤鹜齐飞，秋水共长天一色"，岳阳楼的"朝晖夕阴，气象万千"，无不通过环境来衬托建筑物，甚至"欲穷千里目，更上一层楼"，建筑物变成了赏景的辅助。宗白华先生的论断为我们欣赏中国古代建筑提供了一个基本的思路。

相对于西方建筑大量采用石材，中国古代建筑大多是木结构建筑。木结构建筑的特点是难以长久保存。西方古希腊、古罗马的建筑留存到现在的为数不少，而我国两千年前汉代的建筑物只有几座汉阙得以幸存。中国现存最早的古代房屋建筑是唐代建筑。1937 年抗日战争全面爆发前夕，梁思成和林徽因根据敦煌壁画的提示，在山西五台县发现了建于唐大中十年（858 年）的佛光寺东大殿，这是首次发现存世的唐代木结构建筑。但是，战事的扩大，使得他们没有办法再继续寻找更古老的中国古代建筑，就这样一代建筑学宗师错过了南禅寺，这座中国现存最早的房屋建筑。唐以后，五代、宋辽金各个时期都有木结构建筑留存至今，它们为研究和欣赏我国早期木结构建筑提供了宝贵的实物。元代以后，特别是明清时期的建筑留存数量很多，以明清皇家建筑为代表，反映了我国古代建筑后期的发展状况。

我在旅途中结识过一些热爱古建筑的朋友，在他们的影响下曾经做过古建筑专题旅游，特别是早期唐、宋、辽、金的木结构建筑，大都分布在山西、河北和辽宁。那些年一旦有假期我就开上车，带着梁思成的《中国建筑史》、宋朝李诫的《营造法式》及陈明达《营造法式辞解》等专业书籍，现场实地学习欣赏古代建筑，几年下来，积累了不少关于古建筑的知识和照片。这里以古建筑爱好者的身份，跟读者分享我的收获。

唐代和五代建筑》

我国现存最早的木结构建筑可以上溯到唐代，目前确信建于唐代的木结构建筑共有四座，都在山西境内，分别是五台县南禅寺和佛光寺、平顺县天台庵、芮城县广仁王庙。确信属于五代时期的木结构建筑也有四座，分别是平顺县的龙门寺、大云院、平遥县的镇国寺和河北正定县文庙大成殿。

南禅寺

南禅寺，位于山西五台县东冶镇，大殿建于唐建中三年（782 年），比梁思成发现的佛光寺还早 75 年，是目前已知中国最早的木结构建筑（图 5.1、图 5.2）。大殿规模不大，三开间，单檐歇山顶，坐落在台基之上。大殿屋顶平缓，飞檐出挑硬朗而舒展。大殿的斗拱简约朴实，端正敦厚。整个大殿结构简练，形体稳健，庄重大方，气势雄浑，体现了我国唐代木结构建筑的显著特征。

南禅寺除了大殿保留的唐代原始风貌以外，殿内的塑像和佛坛也是唐代原物。佛坛上的塑像现有 17 尊，还有 3 尊已经毁损，只留下了木桩的痕迹。17 尊塑像中既有佛祖，也有菩萨，还有天王和童子，个个色彩艳丽、表情生动，尤其是童子的天真表露无遗。佛坛的须弥座上的砖雕是唐代的古朴风格，雍容大气。

图 5.2　转角斗拱，南禅寺大殿，唐，山西五台。

图 5.1　南禅寺大殿，唐，山西五台。这是已知中国现存最早的木结构建筑。

佛光寺

佛光寺，位于山西五台县豆村，东大殿建于唐大中十年（858 年）。佛光寺东大殿面宽七间，进深四间，是目前已知的规模最大的唐代建筑（图 5.3、图 5.4）。

1937 年 6 月，梁思成和林徽因夫妇深入五台县考察可能存在的唐代建筑。当时日本学者认为中国已经没有唐以前的建筑，要看唐代建筑只能去日本奈良。梁思成根据法国汉学家伯希和的《敦煌石窟图录》中的一幅描绘五台山圣境的壁画，认为画中所绘大佛光寺具有唐代建筑风格。当梁思成夫妇费尽千辛万苦终于见到佛光寺东大殿的时候，他们的兴奋之情可想而知："它是一个很雄伟的建筑物，有巨大、坚固和简洁的斗拱，超长的屋檐，一眼就能看出其年代久远。"（梁思成语）

图 5.3　佛光寺东大殿，唐，山西五台。

图 5.4　佛光寺东大殿，唐，山西五台。超长的外挑屋檐是唐代木结构建筑的突出特点。

大云院

大云院（图 5.5），位于山西平顺县浊漳河畔，创建于五代后晋天福三年（938 年）。山西长治、晋城一带，古称上党，是历史悠久的地方，近现代以来远离交通干线和中心城市，所以显得比较偏僻，正因为如此，上党地区保存下来很多历史悠久的古建筑。唐代建筑有天台庵，五代有大云院，宋代有崇明寺、开化寺。大云院的大殿出檐深远，斗拱硕大，普拍枋的使用是中国木结构古建筑中使用普拍枋最早的实例。驼峰也是最早使用的实例之一。

如果想成为一个古建筑爱好者，斗拱、普拍枋、驼峰这样的名词需要了解（参见下文的小资料“古建结构”）。如果是走马观花地看看，只要知道这些都是木构件的名称，理解它们的目的都是让屋脊变高、屋檐延长。房屋柱子一般都是用一根独木，高度有限，如果殿堂建筑平面面积很大，就需要想办法让屋脊升高，这样平面和高度的比例才

图 5.5　大云院，五代，山西平顺。

协调，殿堂内部才不感觉压抑。把屋檐向外延伸的目的是保护墙体不被雨水淋坏，同时也是为了比例协调、美观。

古代建筑都在让房屋变高、变大方面做了许多的努力，而且呈现明显的时代特征。唐代建筑用料大、简洁、古朴。宋代建筑通过复杂的结构，使用较小的材料也能让房屋高大。

文庙大成殿

河北正定是一个历史悠久的地方，早在汉代就是北方重镇，三国名将赵云就是正定人，自称“常山赵子龙”，正定那时候叫真定，属汉常山郡。小小的正定县可谓是国保建筑扎堆的地方，有一座开元寺钟楼，梁思成推定为唐代建筑，这个文庙大成殿（图 5.6）则保留有五代的架构，后面还要介绍一座宋代建筑——隆兴寺摩尼殿。

图 5.6　文庙大成殿，五代，河北正定。

小资料：古建结构

要想更好地欣赏中国古代建筑，了解一些古建筑结构以及构件名称是必要的。宋代的李诫所著《营造法式》一书，是北宋官方颁布的建筑指南，这本书对于理解唐宋时期的古建筑结构和名称有极大的帮助。

中国古代木建筑采用梁架结构，由立柱、斗拱和梁组成基本结构。斗拱是中国建筑最奇妙的构造，斗拱是用以支撑梁桁、分散受力的构件。由于采用了斗拱承重，可以使建筑物出檐更加深远，造型更加优美、壮观。在先秦出土的器物上，就有斗拱的形象出现，汉代的石质建筑构件和画像石上，斗拱建筑更是常见。斗拱既是承重构件，也起装饰作用，明清以后的斗拱的装饰作用更加明显（图 5.7）。

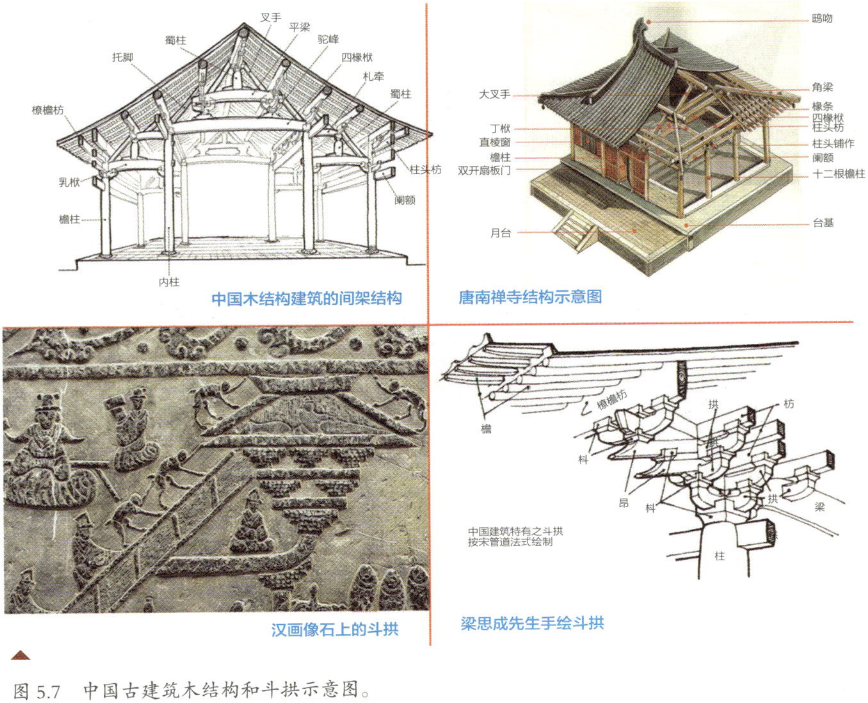

图 5.7　中国古建筑木结构和斗拱示意图。

小资料：斗拱铺作名称（参考图 5.8）

铺作是由斗拱组成的构造单元，分为三种，立于柱头的称柱头铺作；立于两柱之间阑额或普拍枋上的是补间铺作，立于转角处角柱上的叫转角铺作。

斗拱由枓、拱、昂、枋等构件构成，复杂程度不一。

栌枓，铺作层最下面的大枓称为栌枓。

阑额，阑额是柱头间的联系构件，安装于柱头，上皮与柱齐平。

普拍枋，安装于柱头阑额之上，压于栌枓之下。

泥道拱，栌枓口内横向伸出。

华拱，栌枓口内纵向伸出。

瓜子拱，是华拱（或昂）头上横出的拱（最外跳除外），拱下是交互枓，拱两头坐散枓，上承慢拱。

慢拱，是施于泥道拱和瓜子拱之上的横向拱。

令拱，是最外跳上的横拱，铺作外传在橑风槫或橑檐枋之下，里转在算程方下。令拱和瓜子拱都是施于跳头的横拱，区别在于令拱在最外跳上，瓜子拱在里面的跳头上。

交互枓，施于跳头，十字开口；施于替木下顺身开口。

散枓，施于横向拱的两头或偷心造的跳头上。

齐心枓，是用于拱中心的枓。

昂，斗拱中纵向倾斜设置的构件，如果水平设置则是假昂。

耍头，与昂相似的斜置构件，与昂的区别是不出跳。

计心造和偷心造，铺作跳头上使用了横拱称为计心造，没有使用横拱则称为偷心造。

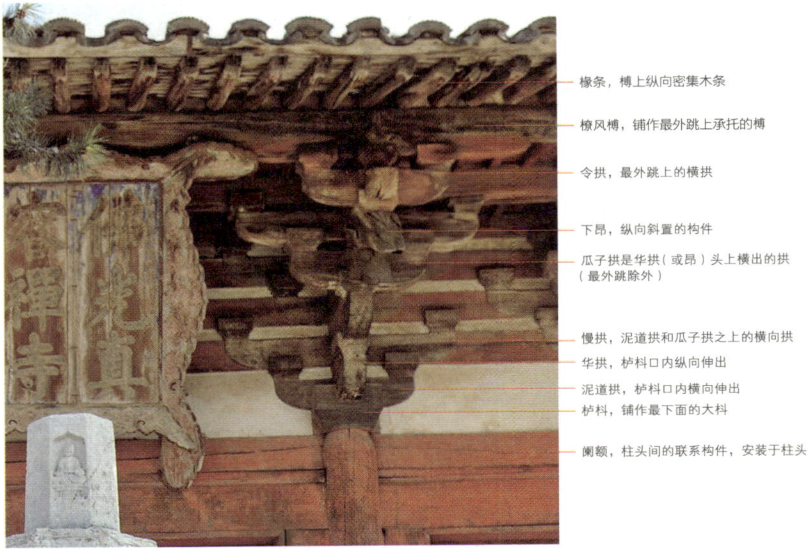

唐　佛光寺柱头铺作　各构件名称

图 5.8　佛光寺实物斗拱名称，唐，山西五台。

宋辽金建筑

一般认为，中国传统木结构建筑的鼎盛期在于唐宋。宋代建筑相比于前朝，呈现了更加灵活多变的特征，梁架出现了减柱法和移柱法，斗拱增大增高，飞檐出翘，窗棂也变得丰富起来。建筑文献《营造法式》既是对新变化的总结，也是制度规范。辽金建筑既继承唐风，又借鉴北宋，辽代建筑用材硕大，金代建筑梁柱更加多变。有专家统计，我国现存宋代以前木结构建筑大约 160 座，其中 3/4 在山西，前面介绍的现存唐和五代的木结构建筑几乎都在山西。看来，“地上文物看山西”这句话应该说是名至实归的。

晋祠圣母殿

太原晋祠原为纪念唐叔虞及母后邑姜而兴建。唐叔虞为周武王次子、周成王胞弟，母后邑姜是姜太公之女。周初唐叔虞的封地在唐，后改封国为晋，所以称晋祠。

晋祠圣母殿（图 5.9）建于北宋天圣年间（1023—1032 年），圣母殿面阔七间，进深六间，重檐歇山顶。大殿落坐在基台之上，四周围廊，前廊进深两间，为唐、宋建筑中所独有。殿前廊柱雕饰木质蟠龙八条，为北宋元祐二年（1087 年）原物，是中国古代建筑中已知最早的木结构实物（图 5.10）。斗拱形制繁复多变，下檐五铺作，上檐六铺作，飞檐翘起。大殿华丽、灵动，与唐代建筑雄浑、古朴风格迥异。殿内 40 尊宋代仕女塑像，神态各异，是宋塑中的精品。

5.9　晋祠圣母殿，宋，山西太原。大殿落在基台之上，四周围廊，前廊进深两间，为、宋建筑中所独有。

图 5.10　晋祠圣母殿之蟠龙柱，宋，山西太原。殿前廊柱雕饰木质蟠龙八条，为北宋元祐二年（1087 年）原物，是中国古代建筑中已知最早的木结构实物。

鱼沼飞梁前面有重建于金大定八年（1168年）的献殿，面阔三面，单檐歇山顶，造型轻巧，在风格上与主要建筑圣母殿取得和谐一致的效果。

隆兴寺摩尼殿

摩尼殿内供释迦牟尼，平面布局为十字形，面阔七间、深七间，重檐歇山屋顶。殿身四面正中各出一座山花向前的歇山式抱厦。柱子粗大，檐下斗拱宏大，分布疏朗，屋顶坡度平缓似有唐风。摩尼殿建筑最突出的特点是四面各出一歇山式抱厦，这种形式在宋画中可见，但是实物罕见，摩尼殿被梁思成先生称之为“世界古建筑孤例”（图5.11）。

摩尼殿内槽北壁为一座明代重塑的泥塑五彩悬山，五彩自在观音像端坐于中间的，这就是俗称的“倒坐观音”（图5.12）。有资料说，鲁迅先生得梁思成先生所寄赠“倒坐观音”照片，对此观音像高度赞赏，称为“东方美神”。然而，拜读梁先生《中国雕塑史》，对殿内壁塑有介绍，认为“颇缺灵性”。梁公《正定古建筑调查纪略》中提及北面观音塑像称：“显然是宋代原塑，虽然被后世涂改了不少，倒还保存一些本来面目。”现今所见倒坐观音，姿态呆板，面部塑造尤其拙劣，恐为近世做过较大涂装。

摩尼殿四抱厦内壁的壁画为明代成化年间所绘，题材是佛教天神“二十四尊天”。应是明代壁画中上乘之作。隆兴寺内有一座转轮藏阁，内有一架宋代转轮藏。转轮藏是一种八边形的、可以转动的藏经橱，已知留存至今的宋、明、清的转轮藏共六架，隆兴寺的这一架是最古老的。

图 5.12　隆兴寺摩尼殿悬塑倒坐观音，明，河北正定。

图 5.11　隆兴寺摩尼殿，宋，河北正定。

善化寺大雄宝殿

大同有过辉煌的历史，曾为北魏的都城和辽金两朝的陪都。在现存的八座辽代木结构建筑中，大同独占两座，分别是善化寺和华严寺。善化寺大雄宝殿（图 5.13），建于辽代并幸免于辽末战火，金代又有增修，是今天保存最完好的辽代建筑之一。特别是大殿内的五方佛和二十诸天彩塑（图 5.14），更是辽金时期的巅峰之作。或许是这些雕塑太著名了，以至于压过了大殿的名头。大殿立在高大的台基上，面阔七间，进深五间，单檐庑殿顶。殿内采用减柱法配列，空间开阔。殿顶正中有藻井和平棋。斗八藻井列斗拱两层，藻心绘金龙。其形制、手法均与大殿本身梁架结构和斗拱形制相同，当为辽代遗构。

图 5.13 善化寺大雄宝殿，辽，山西大同。现存的八座辽代木结构建筑之一。

图 5.14 二十诸天之吉祥功德天，善化寺大雄宝殿，辽，山西大同。

应县木塔

应县木塔（图 5.15）屹立近千年是一个奇迹。除去地震、火灾、兵燹等因素都会造成木塔毁损之外，中国木结构建筑通常要百年左右大修一次，以矫正梁架倾斜，或者更换虫蛀、霉变的木构件，而应县木塔只在建成百年之后的金明昌六年（1195 年）增修过一次后，再也不曾落架大修过。应县木塔的正式名称是佛宫寺释迦塔，建于辽清宁二年（1056 年），是世界上现存最古老的木结构楼阁式佛塔。佛塔平面八角形，五层六檐，高 67 米，也是现存最高的木结构楼阁式佛塔。

释迦塔的斗拱构造是一个亮点。塔各层内外柱上都施斗拱，共有近六十种形态各异的斗拱，是中国古建筑中使用斗拱种类最多，造型设计最精妙的建筑，堪称一座斗拱博物馆。塔每层均有造像，为辽代原塑。每一层有一尊高大的如来像，坐在一个巨大的莲花台上。莲花台下有八个力士，个个力举千钧，形象生动逼真。

图 5.15　应县木塔，辽，山西应县。

洪福寺大殿

留存至今的金代木结构建筑数量比宋辽两朝要多很多，大部分也都在山西境内。位于定襄县宏道镇的洪福寺，大殿建于金代（图 5.16），殿内佛坛之上的九尊彩塑也是金代的上品之作。辽代的建筑、雕塑和彩绘多沿袭唐代风格，而金代的建筑、雕塑和彩绘更多受到北宋的影响。北宋的建筑风格趋于多变，雕塑注重表情刻画，体现较浓厚的人本主义色彩。李泽厚先生认为宋代的美学境界在于“细节的忠实和诗意的追求”。金代的艺术审美深受北宋文人风气的影响，在这些胁侍菩萨的造像上体现得淋漓尽致。菩萨体态轻盈，面容亲切，风姿绰约，好似邻家少妇从屏风后走出一样。微微隆起的小腹，真实地描绘了少妇特有的体态特征（图 5.17）。这种写实性的塑造，应该不在欧洲文艺复兴之下，可是却要比文艺复兴早几百年。

图 5.16　洪福寺正殿，金，山西定襄。

图 5.17　洪福寺的胁侍菩萨，金，山西定襄。菩萨体态轻盈，面容亲切，风姿绰约，好似邻家少妇从屏风后走出一样。这种“细节的忠实和诗意的追求”的审美深受宋人影响。

崇福寺

山西朔州崇福寺内有两座金代建筑：弥陀殿和观音殿。其中弥陀殿单檐歇山顶，面宽七间，进深五间，梁架、门窗、琉璃屋脊均为金代原物，殿内九尊彩塑和东西两侧的壁画也都是金代原作。弥陀殿应当是现存最宏伟、最完整的金代建筑（图 5.18）。

最令人震撼的是九尊塑像。三尊主像分别是阿弥陀佛、观音菩萨和大势至菩萨（图 5.19）。中间的阿弥陀佛像，庄严肃穆，不怒自威。两旁是观音菩萨和大势至菩萨像，头发高挽，头戴花冠，雍容华贵，好似贵妇一般。主像侧旁还有四尊胁侍菩萨，这四尊胁侍菩萨就宛若邻居家的丰腴少妇，面相圆润祥和，似笑非笑，人间烟火味浓郁，亲切感顿生。

图 5.18　崇福寺弥陀殿，金，山西朔州。

图 5.19　崇福寺彩塑西方三圣，金，山西朔州。三尊
分别是阿弥陀佛、观音菩萨和大势至菩萨。主像后的
泥塑背光，泥塑彩绘高透雕，细致而精美，是金代雕
杰作。

同样令人叹为观止的还有主像后的彩绘泥塑背光。背光正面看上去好似火焰，侧面看则微微前弯，罩在佛像上方。背光是用藤条笆做骨架，上面覆泥塑彩绘，泥塑又是高透雕，细致而精美，更难能可贵的是历经九百年而几乎未有脱落。

来崇福寺参观的人不多，当我还对弥陀殿恋恋不舍的时候，来了一对父女参观者。他们是本地人，父亲曾经来过崇福寺，女儿在读大学，暑假期间来参观。因为父亲曾经来过，所以站在大殿外与我们闲聊，女儿进去参观，但很快便索然无味地出来了。我经常说的一句话："自然美凭借朴素的审美本能就能够欣赏，而人文审美则需要一定的知识基础。"如果不了解九百年的历史，不了解一个北方少数民族何以与宋辽抗衡并持国百年，不了解九百年建筑、塑像和壁画的稀缺，不了解中国雕塑史的大致脉络，那么崇福寺的美就不容易引起参观者的强烈共鸣。

明清建筑

北京大学徐怡涛先生认为：“以梁柱承重、斗拱挑檐、反宇向阳和院落空间为主要特征的中国传统木结构建筑，脱胎于新石器时期长江、黄河流域的古代文明，奠定于商周，初兴于秦汉，鼎盛于唐宋，凝滞于明清，凋谢于近世。”短短的几行文字高度概括了中国木结构建筑的发展史。

明、清两朝的建筑风格趋向程式化，重视建筑的等级观念，单体建筑拘束严谨，精细而缺少个性。所幸明、清两朝留下了基本完好的皇城、坛庙和皇陵。历朝历代都重视都城的营建，史料记载汉唐长安城规模庞大、结构有序，可惜早已无存，明朝兴建北京时因循了长安城的建制，是“世界上现存中古时代最伟大的都市”（梁思成语）。

明成祖朱棣按周礼制“前朝后寝，左祖右社”营建皇城。前朝三殿中奉天殿居中，宽九楹、深五间，形“九五之尊”之制。后几经毁废，康熙三十六年（1697 年）重建成为今天所见之形制，并改称“太和殿”。大殿宽十一间、深五间，重檐庑殿顶，坐落在三层汉白玉丹陛台阶之上，是中国现存最大的单体木结构建筑，建制等级上各个部位均采用最高形制，是最高等级的建筑。再辅助以重檐歇山顶的太和门、金水桥、丹陛的三道踏步，把太和殿的庄重、威严烘托得淋漓尽致（图 5.20、图 5.21）。

天坛是明、清朝两代帝王冬至日祭皇天上帝和正月上辛日行祈谷礼的地方。天坛的主要建筑物集中在内坛中轴线的南北两端，其间由一条宽阔的丹陛桥相连接，由南至北分别为圜丘坛、皇穹宇、祈年殿和皇乾殿等。天坛建筑群设计巧妙，色彩调和，建筑高超。祈年殿是北京的城市地标性建筑，许多场合都选用祈年殿及其变形图案作为标志。

图 5.20 太和门和铜狮，明清，北京。

图 5.21 故宫太和殿，明清，北京。

小资料：建筑的形制等级

建筑物的形制等级用以体现社会地位。在皇宫的建筑群中，为了体现建筑物的主次关系，形制等级也有分别（图 5.22、图 5.23）。形制等级通过建筑物的开间、进深，有无台基和台基的高低，屋顶的形式，装修彩画的形式等来体现。

就屋顶形式来说，形制等级从高到低分别有重檐庑殿顶、庑殿顶、重檐歇山顶、歇山顶、悬山顶和硬山顶。

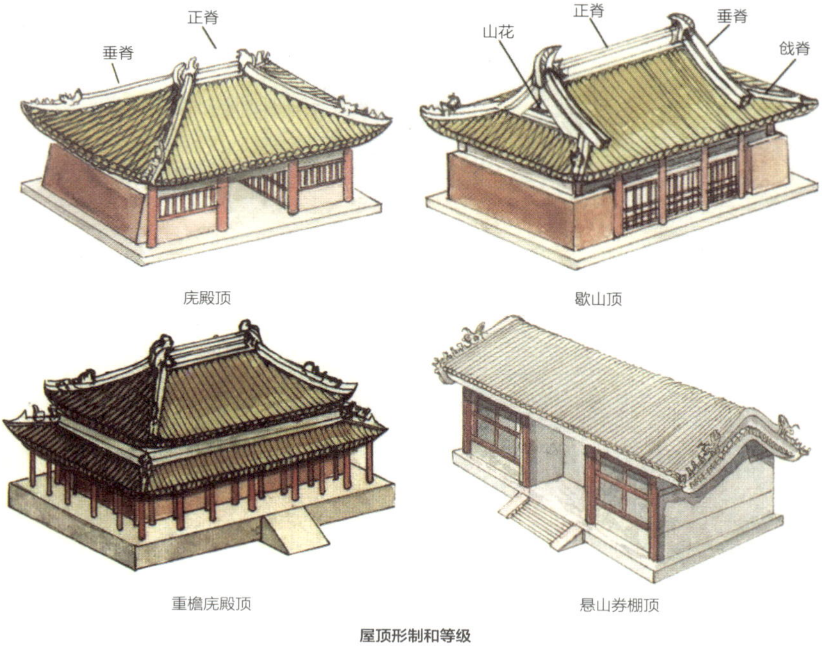

图 5.22　屋顶形制和等级。

图 5.23　明清故宫的宫门等级。
左上：天安门
左下：午门
右下：乾清门

梁枋彩画，是在绘梁枋上装饰图案，是我国古代建筑特有的装饰。清代的彩画已经程式化，主要有三种形制，从高到低分别是和玺彩画、旋子彩画和苏式彩画。和玺彩画，大面积使用沥粉贴金，藻头图案多以龙纹为主，枋心多是“二龙戏珠”图案。旋子彩画最大的特点是在藻头内使用了带卷涡纹的花瓣，即所谓旋子。各式样中根据用金量的多寡，还有细分的式样。

老财说 之 旅游层次论

大多数人喜欢旅游都是从游山玩水开始的。促使人们走出家门去旅游的动机用一句颇具调侃意味的俗话说，就是“旅游就是从自己呆腻的地方到别人呆腻的地方去”。对于生活在城市里的人们来说，就是要去城市里稀缺的青山绿水，山水风光就是这个阶段的主要旅游内容。自然风光之美，凭借朴素的审美本能就能够欣赏，走马观花形式的旅游对于欣赏自然风光也未尝不是一种有效率的方式。

随着旅行经验的增多，当然年龄也增长了，旅行就会过渡到较深的层面，寻求旅游形式后面的体验、感受和享受。这时候可能不满足于“到此一游”的游山玩水了，可能会选择自己喜欢的地方多住上几天。旅游的本质是一种精神活动，能够让精神满足程度高的旅游形式渐渐地固定下来，开始有选择、有主题地旅游。有的人喜欢摄影旅游，去发现鲜为人知的绮丽景色；有的人喜欢探险游，总是浪迹于人迹罕至的地方；有的人喜欢度假游，去那些风景优美、设施优越的地方啥也不干待上几天。我则喜欢上了民俗旅游，喜欢到民族风情浓郁的地方去，去了解和体验当地人们的生活方式。

还有一个层次就是探索旅游的文化内涵了。这时候的旅游动机不在于追求反差了，而在于增长知识、陶冶情操。我有一些朋友，他们当中有的致力于游遍中国的石窟，有的要看遍天下古塔，有的按照《中国文物地图》各省分册探访文物古迹。这种旅游事实上已经成为一种研究，有些人甚至成为某一领域的专业人士。以探索旅游文化或者人文内涵的旅游，需要有深入的了解，需要时间，需要知识，同时也增长知识。

推荐参观：

河北正定古建筑（隆兴寺、开元寺钟楼、文庙大成殿，四座古塔）。

中国古代建筑博物馆（先农坛）。

推荐阅读：

梁思成．中国建筑史 [M]. 北京：百花文艺出版社，2007.

楼庆西．中国古建筑二十讲 [M]. 北京：生活·读书·新知三联书店，2001.

李乾朗．穿墙透壁——剖视中国经典古建筑 [M]. 桂林：广西师范大学出版社，2009.

陈世良．上了建筑旅行的瘾 [M]. 北京：生活·读书·新知三联书店，2005.

王澍．造房子 [M]. 长沙：湖南美术出版社，2016.

李允鉌．华夏意匠 [M]. 天津：天津大学出版社，2014.

赵广超．大紫禁城——王者的轴线 [M]. 北京：紫禁城出版社，2008.

视频资料：

推荐资料	推荐说明	二维码
《中国古建筑》纪录片	本片按照传统建筑发展脉络，以考古和历史资料发现为依据，挖掘建筑背后的故事，在全国各地共拍摄 101 处古建筑，同时运用专业三维动画还原消失的古建筑，采用高清格式为观众展现中国建筑的细部和魅力，表现中国古建筑之“大势”。	
《故宫 100》纪录片	本片以故宫为主题，每集用 6 分钟的时长讲述故宫 100 个空间（近 1/3 比例的宫殿平时不对外开放）的故事，演绎紫禁城建筑的实用价值和美学价值。	
锦绣华屋之千年营造	本片主要介绍寺庙建筑穿越历史的时空，让今天的人们欣赏到数百年乃至千年前的木结构建筑风采，领略古代匠人的巧妙设计。	
锦绣华屋之大哉紫禁	本片主要介绍紫禁城是地球上现存规模最大的皇家宫殿建筑群，是人类历史上最杰出的建筑之一，彰显中国宫殿建筑的最高成就。	
锦绣华屋之一脉相承	本片主要介绍天坛、圜丘、孔庙、民间祠堂等。中国建筑一脉相承地获得了中华文明丰富的底蕴，形成了独特的艺术价值。中国数千年悠久历史所形成的礼学、礼仪、礼节，凝固在这些作为文化载体的建筑中熠熠生辉。	

服务员数名

第六讲

王畿千里

——中国历史文化名城巡礼

国家的形成、文字的发明和城市的出现，是人类进入文明社会的三大标志。城市自出现以来，一直是人类社会文明进程的载体。我国最初国家的形成是在夏朝，虽然考古学至今并未发现夏朝的都城，也未有出土带有文字的文物证据，但是，相当高的可信度认为河南偃师市二里头遗址曾是夏朝的都城。河南新密新砦遗址、山西夏县等地可能都曾经是夏朝的城市。

汉唐时期是中国城市快速发展的时期，唐长安城是当时世界上最大的城市，对外交往空前繁荣，各国使节、商人充盈街衢；宋代的城市发展是变革性的，京都汴梁是拥有百万人口的超级大都市，从张择端的名画《清明上河图》可窥一斑；元大都是当时举世闻名的繁华都市，马可波罗对元大都浓彩重笔的描绘，激发了西方世界对神秘东方的向往；明、清两朝城市化进程加快，留下一座古都，还有众多的古城。历史演进、王朝兴衰，不断形成许多的重要城市，这些城市见证了中华文明的历史发展进程。为了保护“文物特别丰富，具有重大历史文化价值和革命意义的城市”，国务院于 1982 年、1986 年和 1994 年先后公布了三批国家历史文化名城共 99 座，后来又陆续增补了一些城市，截至 2016 年 5 月，国务院共审批历史文化名城 129 座。

纵观这百余座历史文化名城，它们基本呈现这样的特征：曾经拥有辉煌的历史、相对完整地保留了传统格局和历史风貌、有成规模的历史街区和历史建筑物、拥有丰富的文物遗存。它们大致有这样几种类型：古都、历史风貌完整的古城、文物古迹丰富的古城、近代历史价值重要的城市。

古城因其悠久的历史、名胜古迹以及丰富的文物遗存，很自然地成为旅游目的地。在 129 座国家级历史文化名城中，我参访过的古城已超过 100 个。我对古城的访问大致可分成三种类型：第一类的古城如今仍是经济或文化中心城市，或者是传统的旅游胜地，前者如西安、重庆，后者如承德、桂林、苏州，这类古城是很早就曾旅游过了，之后又多次到访的。早期的旅游主要是知名度最高的旅游景点，如西安的兵马俑、上海的南京路、承德的避暑山庄、苏州园林等，后来的旅行，则主要探访古城最深厚的文化底蕴所在，如西安的书院门、上海的十六铺、苏州的山塘街，等等。第二类的古城如今已经远离经济中心区域，如云南的建水、四川的阆中、河北的正定等，这类曾经辉煌的古城，在现代化城市发展与改造的初期尚未遭遇大规模的惊扰，但是随着城市化进程的快速发展，曾经历史的印记正在慢慢消退，这些古城是要专门去寻古访幽的，而且还有一种跟时间赛跑的感觉。还有一类古城似乎就是为了旅游而生的，原本地处偏僻，但颇具地方特色，因为旅游开发而声名日隆，如云南的丽江、湖南的凤凰。

下面根据我的旅游经验，介绍 9 座历史悠久、古迹丰富、文化底蕴深厚的古城。

古 都 》

都城，王朝的首都。在中国数千年文明史当中，王朝更迭无数，因此都城也很多，按照中国历史上统一王朝的首都的标准来衡量，就有五大古都之说，分别是西安、洛阳、南京、北京、开封，以后考虑到虽然并非是统一王朝，但也是鼎足的强力王朝的都城，又陆续加入了杭州、安阳、郑州，形成八大古都之说。这里介绍 3 座古都，并无意于写一份城市旅游指南，只打算介绍古都的三两个让我印象深刻的兴趣点。因为每个城市都有自己的性格，每个旅游者都有自己的旅行风格，不同的旅游者对同一座城市也会有不同的感受和印象。

西　安

“秦中自古帝王州”。西安，作为十三朝古都，曾是世界上最繁华的最国际化的大都市。“一座西安城，半部中国史”我曾经在另一本书里这样介绍陕西历史博物馆。从距今六千年前的半坡人，一直到盛唐，西安就是中华文明从萌芽到辉煌的见证者。宋代以后，帝国的政治中心东移，西安浮华散尽，留下了厚重。周、秦、汉、唐在西安大规模营造的宫殿和园林早已灰飞烟灭，但依然有蛛丝马迹可供凭吊，“雁塔晨钟”依然是古都人的骄傲。明代的城墙保存完好，是明代府城的标本（图 6.1 至图 6.3）。

去西安旅游的人肯定不会错过秦始皇陵兵马俑，这座千古帝王的陪葬墓坑，无疑是西安最吸引人和震撼人心的所在。不过，要想体会西安历史的厚重感，还有两个地方必须去：一个是陕西历史博物馆，另一个是碑林博物馆。在陕西历史博物馆，你能找到几乎所有关于中国唐代以前的历史文物，从半坡的彩陶器，到商周的青铜器，到秦砖汉瓦，再到唐代的陶俑和壁画……除了中国国家博物馆，恐怕没有第二家博物馆能够如此系统地展示中华民族的发展历程了。

碑林博物馆收藏的是“刻在石头上的历史”。除了碑刻以外，“石刻艺术”和“长安佛韵”两个展厅艺术价值更高。知道著名的“昭陵六骏”吧？就是唐太宗李世民昭陵的六块巨大的骏马浮雕石刻，除去流失美国的两块以外，其余四块都在这个展厅。这里展出大量北魏、北周和唐代的佛教造像，尤其是北周的造像，这里最丰富。

若要了解一个城市的文化底蕴，就要深入城市的毛细血管中去，

图 6.1 | 图 6.2
图 6.3

图 6.1　西安城市变迁史地图，西安博物院，陕西西安。西安是十三朝古都，历史上强盛辉煌的周、秦、汉、唐都曾以此为都城。西安博物院大厅的地面上用大理石拼出一幅西安都城变迁的地图，一名少年从图上快速跑过，仿佛要穿越历史的时空。

图 6.2　扎鸡毛毽子的老奶奶，陕西西安。若要了解一个城市的文化底蕴，就要深入城市的毛细血管中去，就是那些属于市民的街巷。在书院门口遇见的这位老奶奶 93 岁了，耳不聋眼不花，还能自己穿针引线，非常乐观豁达。

图 6.3　钟楼之夜，陕西西安。曾经周、秦、汉、唐的城墙宫殿早已灰飞烟灭，只有蛛丝马迹被珍藏在博物馆中。明代修筑的城墙保存完好，明代的钟鼓楼已经成为城市的地标建筑。

就是去那些属于市民的街巷。随着城市的改造，老巷子越来越少了，不过，面纱总是留待最懂的人去揭开。原生态的市民生活就在某个不经意的角落里等着你。

南　京

南京，对于我来说是一个很模糊的存在，很多次往来这座城市，却从未停下来慢慢打量。南京人自己也觉得很尴尬：南人不南人，北人不北人；虽号称十朝都会，却个个都是短命朝廷。

公元 229 年，东吴孙权建都于建业，这是南京作为都城的开始。此后，东晋、南朝的宋、齐、梁、陈相继在此建都，故南京有“六朝古都”之称，六朝时期的建康城是当时世界上最大的城市，人口达百万，可能是世界上第一个人口超过百万的城市。

朱元璋以南京为京师建立大明，南京迎来第二个辉煌的高峰。明太祖动用了 28 万民工历时 27 年营建了当时世界上规模最庞大的四重城垣。如今南京明城墙（京师城）大部分保存相对完好，还纳入了《世界文化与自然遗产预备名单》。

2008 年，考古人员发现了一段深埋地下长 25 米、宽 10 米的夯土墙，被证实为 1700 年前六朝建康宫城的建筑遗址，2014 年，以这个遗址为基础建成了一座六朝博物馆。六朝博物馆由世界著名建筑大师贝聿铭之子贝建中先生领衔的贝氏资深设计团队担纲设计，形式感很强，是一座现代化的博物馆（图 6.4）。

美学大师宗白华先生说，魏晋六朝是精神史上极自由、极解放、最富于智慧、最浓于热情的一个时代，因此也就是最富有艺术精神的一个时代。六朝时，玄学盛行，意识形态活跃。书法、绘画和雕塑在这个时期都得到了快速发展，顾恺之的绘画、王羲之的书法至今都是中国艺术的圭臬。以竹林七贤为代表，六朝人崇尚自然、注重思辨，即所谓的“魏晋风度”。六朝的“气韵生动”“传神写照”的审美取向也影响到了北方，北方的北魏各朝纷纷以效仿南朝为荣，艺术创作尤其是雕塑艺术达到了一个新的高峰。

当一个辉煌的城市渐渐从岁月里消失的时候，它会留下一个耐人寻味的背影。后人试图在它的背影里找寻其曾经的辉煌。

图 6.4　石俑，南朝，六朝博物馆藏。六朝博物馆是在六朝城墙遗址的基础上，由世界著名建筑大师贝聿铭之子贝建中先生设计的形式感很强的现代化博物馆。它的旁边就是民国时期的总统府，距离南京博物院也不远。

图 6.5　秦淮夜色，南京。秦淮河六朝的时候就很繁华了，唐代杜牧就有“夜泊秦淮近酒家”诗。明末清初更有“里秦淮、金陵八艳”，如今也是灯红酒绿、夜夜欢歌的热闹之地。

杭　州

“上有天堂，下有苏杭。”杭州作为都城的历史并不长，历史上有两个朝代，即五代十国的吴越国和南宋在此建都。但杭州的历史悠久，传说大禹至此造船以渡，此地故称“余杭”乃是从“禹杭”谐音而来。隋炀帝修凿江南运河连通钱塘江和长江，杭州经济文化自此迅速发展。

要说最有诗意的古都恐怕非杭州莫属了。杭州之美，在于西湖。歌咏杭州和西湖的诗句，稍微一归拢就有一大把。对杭州怀有炽热情感的大诗人首推白居易。唐代大诗人白居易任杭州刺史时，整治西湖、筑堤修坝，后人为纪念他，将一段堤坝命名为白堤，至今沿用。白居易不仅整治西湖，还喜欢歌咏西湖："未能抛得杭州去，一半勾留是此湖。"在他离开杭州刺史之职十数年之后，怀念起在苏杭的日子，写下脍炙人口的《忆江南》三首，仍念念不忘重游杭州："江南忆，最忆是杭州。山寺月中寻桂子，郡亭枕上看潮头。何日更重游？"

北宋时期苏东坡主政杭州期间，疏浚西湖，筑起长堤，人称"苏公堤"。苏东坡的名句"若把西湖比西子，淡妆浓抹总相宜"至今脍炙人口。南宋时期，也有不少诗人留下歌咏杭州和西湖的诗句，诗人林升有"山外青山楼外楼，西湖歌舞几时休。暖风熏得游人醉，直把杭州作汴州。"诗人杨万里有："毕竟西湖六月中，风光不与四时同。接天莲叶无穷碧，映日荷花别样红。"都是传唱千古的名篇。

逢烟雨迷离之日，擎一把油纸伞，走过苏堤，至灵隐寺，吟诵一句"山色空蒙雨亦奇"，穿过"三竺空蒙"牌坊，行一段翠竹小径，遇一片茶园，正是新茶春雨后，茶香飘逸，雨雾幻灭，早已忘记身在何处，岁在何年！若在风和日丽的春日，漫步在白堤，桃红柳绿，莺飞鱼跃，花港观鱼，虎跑品茗，又是另外的一种惬意！对于脚步匆匆的旅行者，杭州也是慷慨的，到浙江省博物馆看看历史的辉煌，到西泠印社附庸一番风雅，或者到岳庙凭吊英雄，灵隐寺净化心灵，这样的旅途即便匆忙却也丰富，何其美哉（图 6.6、图 6.7）。

图 6.6 雨后新茶，杭州。

图 6.7 西湖烟雨，杭州。

古 城

历史上曾经辉煌、至今还在一定程度上保存历史风貌的城市，都已收录在《中国历史文化名城》名单之中。名单上的古城基本都具备“历史风貌完整、文物古迹丰富”的特征，这里介绍的六座古城还有一个鲜明的特征，现在它们依然是民风淳朴、市民安居乐业的城市。

扬 州

扬州是一个有故事的地方（图 6.8、图 6.9）。春秋时期，野心勃勃的吴王夫差开凿了连通长江和淮河的邗沟运河，通过运河运兵北上

▲
图 6.8　四望亭，江苏扬州。

◀
图 6.9　平山堂，江苏扬州。

征伐北方齐国，这条邗沟的起点就是扬州。到了隋朝，传说隋炀帝为了到扬州看琼花，不惜耗费人力、财力开凿运河，致使国力耗尽而亡国。正史说隋炀帝开凿运河是为了漕运。所谓“漕运”，就是通过水道运送粮食。也就是说，隋代扬州一带已经是富庶的“鱼米之乡”了。唐代的扬州已经成为“街垂千步柳，霞映两重城”（杜牧诗句）的繁华城市了，文人骚客云集，于是有了孟浩然“故人西辞黄鹤楼，烟花三月下扬州”（李白诗句）。到了宋朝，扬州演绎了一曲跌宕起伏的悲情故事，先是欧阳修于蜀岗之上建造“远山来与此堂平”的平山堂，后有苏东坡追随的脚步“欲吊文章太守，仍歌杨柳春风”。既有王安石“春风又绿江南岸，明月何时照我还？”的思念，也有陆游“楼船夜雪瓜洲渡，铁马秋风大散关”的悲愤，高宗赵构一叶小舟自瓜州南渡，也就有了辛弃疾的“梦中犹记，烽火扬州路”了。明、清两朝，扬州盐业发达，豪商巨贾购置产业、兴建园林，更有乾隆六下江南的民间传说，故事的想象空间顿时增大了许多。

如今扬州的运河水道仍然四通八达，东门外的东关码头已成时尚之地。明清的私家园林傲娇地见证扬州曾经的辉煌。扬州最美的是烟花三月时节的瘦西湖，粉桃绿柳、芍药绣球，还有琼花，都竞相绽放，漫步在一步一景的扬州园林之中，一步一洞天，光景变化目不暇接。或者泛舟湖上，江天辽阔，满目花红柳绿，赏心悦目。“二十四桥明月夜，玉人何处教吹箫”（杜牧诗句），尽管如今的二十四桥已无往昔的意境，但是，独步桥上，吟诵着古人的诗句，作为一名游者，旅游带来的享受就足够美好了。夫复何求啊！

汉　中

中国古典文学名著中，我最喜欢的是《三国演义》。因为喜欢三国，所以喜欢汉中，对汉中老城充满了好奇（图 6.10）。

汉中历史悠久，秦国初设汉中郡，秦一统六合之后，汉中郡为秦 36 郡之一。公元前 206 年“鸿门宴”后刘邦降项羽，项羽自封西楚霸王，封刘邦为汉王。刘邦采纳萧何之言，在汉中韬光养晦，拜韩信为将，纳张良之议“明修栈道、暗度陈仓”，于公元前 202 年与项羽决战于垓下，建立大汉王朝。如今，在汉中有一座古汉台，据说就是当年刘邦在汉中为王时的宫殿遗址。还有一座拜将台，如今围绕拜将台建造起一个很大的公园。

魏、蜀、吴三国纷争的时候，汉中王张鲁归降曹操，曹操本应乘势攻取西蜀，但因内忧不断，只得留下夏侯渊和张郃屯守，自己返回许都。谋士法正献策劝说刘备趁机夺取汉中。西蜀五虎上将黄中刀劈夏侯渊，智勇双全的赵云火烧曹操援军粮草，曹操在与刘备相持数月之后，自汉中撤军。如今在古汉台所藏摩崖石刻《石门十三品》中，有一块隶书《衮雪》石刻，落款“魏王”，推定为曹操所书。据说曹操来到汉中见褒水浪花飞溅如滚雪之状，大书“衮雪”二字以抒怀。刘备夺了汉中之后，又自称汉中王。其后，诸葛亮以汉中为基地，六出祁山，匡扶大汉，最终出师未捷身先死，安葬于定军山下。如今在勉县汉水南岸有武侯墓（图 6.11），汉水北岸有武侯祠。

刘邦经营汉中的并时间不长，不知道大汉文化中哪些源自汉中的土著文化，汉朝、汉人、汉族、汉语等称谓就一脉相承沿袭至今。在汉中遇到了一件有趣的事情，让我对一个汉字的古意有了新的认识。在老城区问路，指路人告诉我“沿着这条路端着走”，借助指路人向东面挥手的手势，我明白了是让我“直走”。我一边“端着走”，一边琢磨这个“端”字。北方人日常口语中的“端”通常是指“头”“边缘”，或者是动词“托着”的意思。虽然书面语也用“端正”，但好像并没有把“端”单独用作“正”或者“直”。但显然汉中人说的“端”

图 6.10　汉中老城，陕西汉中。汉中东关老城区还保存着大片的老房子，临街的房子是店铺，店铺之后是四五进院落，虽然破败纷杂，也可见过去的气派。女主人听说我来访古，不解地问：你又不住在这里，就是拆了的话，你有啥子可纪念的嘛？

图 6.11　勉县武侯墓，陕西汉中。诸葛亮六出祁山，“出师未捷身先死”，病逝于五丈原军中，归葬定军山下。这里就是诸葛亮墓所在，原本墓和祠是在一起的，后来又在汉水北岸另外建造了武侯祠。

就是“正”或者“直”的意思。我认真地查了字典，字典里的解释跟汉中人的用法是一样的：端，正，不歪斜。

正　定

今天的正定是石家庄附近的一座小县城。正定历史上曾经非常辉煌，两千多年来，正定一直是府、州、郡、县治所，是北方重镇，至今正定南城门上还镶有“三关雄镇”的石刻匾额（图 6.12）。有关河北名胜古迹，民间有“沧州狮子定州塔，正定府的大菩萨”之说。“正定大菩萨”指的是隆兴寺的宋代铜铸千手千眼观音像。事实上，正定的古迹远不止一尊大菩萨，在“中国古代建筑欣赏”一讲中已经介绍过文庙大成殿（五代）和隆兴寺的摩尼殿（宋代），除此之外，正定现存的早期木结构建筑还有开元寺钟楼（唐五代）和隆兴寺另外三座宋代木结构——大悲阁、转轮藏阁和慈氏阁。正定是名副其实的古代建筑博物馆。

在正定还有一句顺口溜广为人知：“九楼四塔八大寺，二十四座金牌坊”。其中的四塔指的是开元寺塔、天宁寺塔（图 6.13）、广惠寺华塔和临济寺澄灵塔，它们如今都屹立在正定城内。

我曾三次到正定。我第一次去正定是 20 世纪 80 年代中期，不是去看古迹，而是去看看为拍摄电视剧《红楼梦》而建成的荣国府。那时候我对古建筑还不了解，逛了熙熙攘攘的荣国府和宁荣街，远远地望了望突兀又寂寞的大佛寺，走了。第二次到正定是专为大佛寺而来，为的是弥补那一年擦肩而过的遗憾。第三次则是全面彻底地寻访正定的七处国家重点文保。如今，像正定这样拥有众多“国保”却甘于寂寞的古城不多了。

图 6.12 正定南城门楼，河北正定。城门匾额“三关雄镇”中的三关，是指娘子关、龙泉关和倒马关三座内长城上的关隘。

图 6.13 天宁寺塔，唐，河北正定。

凤 凰

凤凰因沈从文的《边城》而闻名。而我则是带着沈先生的另一本书《湘行散记》去的凤凰。得益于沈先生的书，我尝试着从人性、从细微出去观察和体会凤凰。在凤凰的几天里，每天清晨都是洗衣女棒槌声把我唤醒（图 6.14），睁开朦胧的眼睛向窗外望去，默默欣赏那毫不张扬、我行我素的捶打。在沈从文故居，我端详着这座普通的四合院落，心里想，从这个普通的院子里走出去的人，他要建造一座供奉“人性”的希腊小庙，这是怎样的人生心路啊！

来凤凰的游客很多，做生意的苗家妇女也很多。但凤凰人有远见，把临江吊脚楼保存得非常好，利用得也非常好，你可以站在沱江对岸欣赏，也可以找一间吊脚楼进去坐坐，泡壶茶，或者吃顿晚饭。这时候你觉得这世界是真实的，不是为了迎合什么东西而存在的。一位来自附近勾良苗寨的大嫂向我兜售她的所谓苗银首饰（图 6.15）。我蹲下身来跟她闲谈，她实在地跟我说：我们苗族的银首饰不到过年过节都舍不得拿出来戴，怎么舍得卖？她欢迎我去她家，她一定戴上苗银首饰给我看。

图 6.15　勾良来的大姐，湖南凤凰。

在阿拉集市上有这样一幕，一名苗族男子在集市上买了一只小羊羔打算把它牵回家，可是那只小羊羔不肯走，男子用力拉，小羊羔的四蹄死死地撑在地上，再用力拉，四蹄就在地上滑行，就这样僵持了一段时间，忽然，男子一弯腰抱起小羊羔转身走了。整个过程，没有呵斥、没有怒骂，也没有鞭打，小羊羔也没有叫唤，那么平静，那么不动声色。后来这一幕让我回味很久，很难想象这样平和的民族，历史上怎么会跟闹土匪联系起来。

图 6.14　凤凰之晨，湖南凤凰。

同　仁

同仁，青海省黄南藏族自治州的首府。对于一名人文风情的游客，同仁是一个容易让人感到兴奋和激动的地方。前一天在参观隆务寺时（图 6.16、图 6.17），有两位喇嘛不约而同地告诉我说："明天你上午 11 点来吧，有法会。"当天下午在年都乎村又听说村里人明天不做堆绣，因为大家要去法会。第二天上午，我不到十点钟就来到隆务寺门前广场，人群已经非常壮观了。转经廊内的人更是络绎不绝。参加法会如同过节一样，人人都盛装出行，而且携家带口。带了孩子的，就会给孩子买上一根烤肠或者其他零食，大人孩子都高兴。小商贩也闻风而动，连耍猴的都发现了商机，在路边撂地开耍。要是能够赶上六月会，那就更热闹了。

同仁是热贡艺术的圣地。热贡是同仁的藏语称谓，热贡艺术就是同仁地区的藏传佛教艺术，主要包括绘画、雕塑、堆绣等形式。画在卷轴上的画就是唐卡了，堆绣成卷轴画就叫作堆绣唐卡。热贡艺术诞生于明朝中期，期间得到迅速的发展，以至于家家画唐卡，人人做堆绣。在吾屯下寺，我见到了达娃闹日师父，他受了比丘戒，进入寺庙的修行方式就是选择绘制唐卡（图 6.18），有的僧人选择雕塑，也有的选择酥油花。达娃耐心地介绍唐卡的种类、绘制的方法，我却被精美的黑唐（就是黑色画布上用金粉绘制图案）吸引了，爱不释手，如今这幅唐卡挂在我家的客厅中，每位到我家来的客人都赞叹唐卡的精美。

图 6.16
图 6.17 | 图 6.18

图 6.16　转经的脚步，青海同仁。
图 6.17　隆务寺下课了，青海同仁。
图 6.18　画唐卡，青海同仁。画唐卡是一种修行，在吾屯，家家画唐卡，人人做堆绣。

阆　中

阆中，嘉陵江中游的古城，号称“嘉陵第一江山”。阆中是川北重镇，东汉末年这里巴西郡治署所在，三国时期，蜀汉名将张飞驻守此地达 7 年之久。后来，闻听关羽败走麦城被东吴所害，火急火燎地要去报仇，每日鞭打军士撒气，终被手下所杀于阆中。如今城内有张飞庙供后人凭吊。清初，阆中一度为四川省会所在，清朝科举考试的考棚“川北贡院”，是保存完好的古代科举考试的考棚之一。阆中，现存最值得称道的古老街巷和院落。古街巷纵横交错，古老的四合院排列井然。院落的天井当中，或种植树木，或栽植盆景，处处生机盎然。傍晚时分，在嘉陵江畔或小坐，或者轻酌浅饮，都是非常惬意的事情（图 6.19、图 6.20）。

常有人问我：在外旅行最喜欢哪里？其实哪里我都喜欢，一方水土养一方人，各地都有各自的魅力所在。如果一定要说是一个最喜欢的地方，那就是四川。在我喜欢上旅游的早期，我结识了一位成都的老兄，跟着他去过四川境内不少地方。他白天开车、游览、玩耍，晚上喝酒、打牌、摆龙门，似乎永远不知疲倦。有一次去卧龙，回程在映秀遭遇塌方阻塞道路，抢修施工人员说估计要两天才能修通，老兄用了不到两分钟的时间做出了一个决定：绕路五百千米，从汶川、茂县、北川、绵竹回到成都。我一看地图，张大嘴半天没合拢：这条路一直往大山深处走，绕一个大大的圈子，估计要 10 个小时，若是等路修通直接回成都，只有一百千米，两个小时就可以到了。老兄做决定时的轻描淡写、举重若轻更是让人钦佩。

在阆中，三顿晚饭都去同一家小饭馆。前两顿是老板推荐的拿手菜：老鸭锅和排骨锅，第三天我刚进门，老板说：“你等一下，我去

图 6.19 阆中老街与老宅，四川阆中。古城的老街和老宅保存相当完好，一辆人力三轮车悠然驶过，仿佛时光倒流。

图 6.20 嘉陵江边，四川阆中。夜晚的嘉陵江属于时尚，酒吧里高朋满座，还有音乐弥漫在夜色之中。

买鱼，今天给你做鱼头锅。”许多资深旅行者对我对四川人的评价表示赞同：四川人既能吃苦耐劳，又能安逸享乐，做生意不穷凶极恶，对金钱的渴望不那么歇斯底里。

老财说 之 梁思成和北京古城保护

若要谈论中国古建筑，就不可能绕开梁思成先生。梁思成先生先后在美国宾夕法尼亚大学和哈佛大学学习建筑学，1928 年回国后在东北大学创建了中国的第一个大学建筑系，1946 年创建清华大学建筑系。从 20 世纪 30 年代开始，梁思成和林徽因深入中国乡村展开田野调查，发现、考察和整理了大量的古代建筑的第一手资料。抗战爆发前夕，他们根据仅有的微弱线索在山西五台山发现了建于唐代的佛光寺东大殿，从而证明了中国还存世有唐代木结构建筑。梁思成先生的《中国建筑史》是对中国古建筑考察和研究的成果。

新中国成立以后，梁公致力于古城保护和城市规划，极力建议保留北京城，另建新城，即所谓“新旧两立，古今兼顾”的方案。然而，意气风发的新中国的建设者们迫不及待地要创造一个新社会，牌楼、城楼、城墙相继被拆除。梁思成说，别人的宝贝藏在家里，我的宝贝在大街上……拆掉北京的一座城楼，就像割掉我的一块肉……在梁思成的哭泣声中，北京古城墙被彻底拆除了，只留下了德胜门箭楼和内城东南角楼。

几十年过去了，人们终于认识到北京古城墙的价值，开始陆续重修城楼，永定门城楼重修了，但是没有了城墙的拱卫，一座城楼孤零零地立在空旷的地上，显得渺小与卑微。为了申遗，中轴路上的古建筑一部分重新修复了，甚至铛铛车也开起来了，可是，老北京的风貌再也回不去了。

重修古城的风潮也在向其他地区蔓延，西安、平遥、兴城等原本旧城墙保存还算比较完整的古城，忙不迭地修修补补保护起来，一些只剩下残垣断壁的旧城墙（如南京、大同等）也大肆重修城墙。

陶渊明在《归去来兮辞》中感叹：“悟已往之不谏，知来者之可追；实迷途其未远，觉今是而昨非。”为了留住古城的历史和文化，我国已经陆续公布了 129 座历史文化名城，希冀以这种形式保护历史留下来的古城。

推荐游览：

四川阆中　　　　浙江杭州

推荐阅读：

陈桥驿 . 中国六大古都 [M]. 北京：中国青年出版社，1983.

王军 . 城记 [M]. 北京：生活 · 读书 · 新知三联书店，2003.

林与舟 . 梁思成的山河岁月 [M]. 北京：东方出版社，2005.

沈从文 . 湘行散记 [M]. 南京：江苏人民出版社，2015.

成一农 . 欧亚大陆上的城市——一部生命史 [M]. 北京：商务印书馆，2015.

薛凤旋 . 中国城市及其文明的演变 [M]. 北京：世界图书出版公司，2015.

易中天 . 读城记 [M]. 上海：上海文艺出版社，2015.

田飞，李果 . 寻城记 · 杭州 [M]. 北京：商务印书馆，2012.

视频资料：

推荐资料	推荐说明	二维码
《汉源》（精编版）纪录片	汉中是“汉”这个文化符号的发源地，作为世界上人口数量第一的汉族，这个民族的文化符号“汉”，从哪儿来？本片从自然山水与历史人物两个方面全方位向世人展现汉中的美丽。	

第七讲

商贾重镇

——中国最美古镇

有很长的一段时间，我的旅游主题就是古镇和古村。所谓镇，是一种介于城市与乡村之间的人类集聚地，由于地处水陆通衢，或者东西南北的交易互市，抑或是财富积累的地域，渐渐形成了有一定规模的建筑群落。在历史的演进过程中，一些镇在相当长的历史阶段中在地域经济社会中发挥着重要作用，发展到了今天，就成为具有历史文化价值的古镇。古镇是我国历史文化遗产的重要组成部分，它反映了不同时期、不同地域、不同经济社会发展阶段聚落形成和演变的历史过程，记录了传统的生产生活习俗、空间形态以及建筑风貌和建筑艺术。

2003 年，国家住建部和文物局共同组织评选“中国历史文化名镇名村”，评选出 10 座名镇和 12 个名村。评选的标准是保存文物特别丰富且具有重大历史价值或纪念意义的、能较完整地反映一些历史时期传统风貌和地方民族特色的镇和村。“中国历史文化名镇名村”的评选已先后进行了六个批次，共评选出名镇 252 座，名村 276 个。官方评选的标准以及评选结果跟我当时正在进行的古村镇探访活动的目标高度契合。这个评选结果是我探访古村镇的指南，当然，我的探访古村镇计划并不局限于这个名单。

在我的古村镇的探访之旅中，比较集中探访的区域包括晋东南古村落、楠溪江古村落、闽北古村落、闽赣粤客家村落、张家口地区古村落、徽州古村落、黔东南古村镇、江南古镇、川西古镇、大运河沿线古镇，等等。我选择探访的古村镇的目标是，历史上曾经比较发达、如今还保存一定规模的古建筑，或者仍保留传统生产生活习俗和传统风貌，或者具有浓郁民族风俗的古村和古镇。这一讲将介绍八座古镇，重要标准就是古镇至今还有浓郁的生活气息，也兼顾了分布地域的广泛性。

南浔，浙江湖州

南浔的发达得益于运河。江南运河在吴江平望镇以南分成三道，东线是古运河线，从平望经嘉兴、石门、崇福、塘栖、武林头到杭州；中线从平望，经浙江乌镇、练市、新市、塘栖、武林头至杭州；西线从江苏震泽入浙，途经南浔、湖州、菱湖、德清、武林头至杭州。东线和中线运河上的许多古镇名气已经如日中天了，西线还相对宁静。

南浔属于湖州，湖州产丝，就是著名的湖丝，湖州西部山区还产竹，湖州的丝竹要运到运河边上的南浔镇，再从南浔走水路去上海、杭州。所以，从南宋到民国，南浔一直都是江南重镇。民间有“湖州一个城，不及南浔半个镇”之说（图 7.1）。晚清至民国时期，江南巨商富贾纷纷在南浔建基立业，留下包括张氏建筑群、小莲庄、嘉业藏书楼（图 7.2）等在内的风格各异的建筑，这些建筑如今是游客比较热衷的区域。

南浔古镇中我最喜欢百间楼（图 7.3）。曾任明嘉靖朝礼部尚书的董份原籍湖州，因涉贪贿案被罢黜回乡后在南浔建置大约一百间房屋给女眷们居住，如今这片称作“百间楼”的区域是南浔居民聚居区，每天清晨居民们洗刷、聊天的场景让古镇充满了生活气息。关于百间楼的另外一种传说似乎流传得更广。据说乾隆下江南的时候带了大量的随从侍女，当地巨贾为了接待和安排乾隆皇帝和众多的随从侍女，特地修建了一百间房舍。皇帝离开了，这些房屋就分给百姓居住了。

图 7.1
图 7.2 | 图 7.3

图 7.1 游客与居民，南浔，浙江湖州。相对于乌镇的游人如织，南浔的游客要少得多了。旅游要大发展，就要有旅行社打着小旗赶鸭子般的团队游客，可是有了鸭子一般的人群，古镇氛围顿失。南浔的游客基本都是自助游客，游客与居民和谐相处。

图 7.2 嘉业藏书楼，南浔，浙江湖州。嘉业藏书楼主人刘承干是清末秀才，祖上经营缫丝致富，与晚清学者王国维、罗振玉、叶德辉、缪荃孙等人交往甚密。嘉业藏书楼是我国近代著名的私家藏书楼，与宁波天一阁齐名。

图 7.3 百间楼，南浔，浙江湖州。百间楼一带充满了浓郁的生活气息，这家的小姑娘正在认真地帮妈妈洗衣服。

暖泉，河北蔚县

河北张家口的蔚县，古称蔚州，为“燕云十六州”之一。如今偏居河北省西部山区的蔚县，文化底蕴相当深厚，拥有玉皇阁、南安寺塔、释迦寺、代王城遗址等九处国家级文物保护单位；明朝时这一带是大明朝抵御北方游牧民族袭扰的前沿地带，村镇都建有防御设施，即堡城，有村便有堡，见堡则是村，故有“八百庄堡”之说；蔚县剪纸独具特色，以刻刀刻出再点染颜色，因此图案精巧、色彩艳丽；蔚县民俗活动丰富，尤其是年俗浓郁，村村镇镇都闹社火，暖泉的打树花更是堪称奇绝。

暖泉镇是蔚县境内河北与山西交界的一个古镇（图 7.4）。明清时期，这里是山西商人到张家口及以北地区经商的必经之地，因此这里的庄堡规模比较大，古建筑遗存多，民俗活动也丰富多彩（图 7.5）。

打树花，是暖泉镇特有的元宵节民俗活动（图 7.6）。所谓打树花，其实跟树没关系，而是把生铁熔化成的铁水，用特制勺子泼洒在堡墙上，高温铁水撞击到冰冷的堡墙而爆炸后四处飞溅，飞溅的铁水伴随着“噼噼啪啪”的声响铺天盖地飘洒下来，形成火树银花的壮观景象。据说，打树花是铁匠发明的庆祝过年的方式，已经有三百多年的历史了。从前暖泉镇有好多铁匠作坊，每逢年节，穷铁匠们把熔化的铁水泼洒到古堡的城墙上，用四溅的火花代替燃放烟花，久而久之形成独具特色的社火方式。

看打树花是令人振奋的。开始的时候，是惊奇、震撼，随着一勺勺铁水化作千丝万线，禁不住兴奋地高呼。慢慢地看出了一点门道。这打树花的节奏要快，第一勺撞击到墙上爆炸开来、飞溅而下的时候，第二勺又迅速泼洒出去，飘洒下来的丝线与泼洒出去的射线交织在一起，甚为壮观。而且，速度节奏越快，树花越密集，也越壮观。

图 7.5 | 图 7.4 / 图 7.6

图 7.4　西古堡，暖泉，河北蔚县。

图 7.5　闹社火，暖泉，河北蔚县。蔚县的过年气氛真浓啊，正月十五前后，几乎村村镇镇都有闹社火。

图 7.6　打树花，暖泉，河北蔚县。打树花的间隙还穿插表演“霸王击鼓”等蔚州锣鼓。

荆紫关，河南淅川

历来“道路通，则家邦兴”。位于河南省淅川县荆紫关曾经是南北重要水路通道丹江上的商贾重镇，船舸弥津、帆樯蔽日，商贾云集、百货通汇，是豫、陕南下，湘、鄂北上的咽喉之地。这里自古就是秦楚接邻的要地，秦楚征战时期，秦胜则归秦，楚赢则属楚，“朝秦暮楚”一词最初就是描述荆紫关的战略地位的。

汉水的主要支流丹江流经古镇。丹江及其所注入的汉水是重要的南北流向的水系，它的上游是富庶的八百里秦川，它的下游是鱼米之乡的荆楚平原，荆紫关位于丹江东岸，地处豫、陕、鄂三省交界，南北货物汇聚于此，南来北往的商旅在此羁留，逐渐形成一个商业重镇。近代铁路和公路的兴起，取代了传统水路运输的地位。南来北往的货物不再经由丹江汉水，而是经由陇海、京汉铁路，既快捷又方便。人们甚至来不及对它有任何改造，很快就把它淡忘了。在今天看来，塞翁失马焉知非福？荆紫关古镇留下了一条保存完好的明清古街和街上数百间明清古建筑。

如今，南水北调中线的源头就在丹江口水库，而荆紫关就在库区流域。这项工程的建设必定给古镇带来难得的新的发展机会，古镇的人们也看到了旅游业为古镇带来的机遇，但愿新的发展不至于淹没好不容易保存下来的祖先的财富。

我在一个雪花飞舞的冬日来到荆紫关。昔日“樯帆弥津，千蹄接踵”的景象早已成为记忆，“康衢数里，巨室千家”偶尔还可以从现存的古建筑上寻找到一丝踪迹。古镇上的居民大多数都搬迁到新建的小区去了，街上临街的房子偶尔有些老人居住，据说都要改造成商铺（图 7.7）。寂静的街道上只听得见自己的脚步，飘飘洒洒的飞雪，给

图 7.7　平浪宫和老街，荆紫关，河南淅川。

古镇增添了些许的朦胧。拉着老妻的手，在风雪飘忽的老街上漫步，心里充满了感动。

罗泉，四川资中

罗泉，古称罗泉井，在四川资中县。罗泉是一个有历史的地方，据说罗泉井的名字就是因为诸葛亮南征时在此挖掘水井而得名。辛亥革命前奏曲的“四川保路运动”的罗泉井会议就曾在镇上的福音堂召开。

罗泉产盐，因盐业而成重镇。盐神庙是古镇曾经辉煌的标志。罗泉的鼎盛时期，珠溪河两岸十五华里之内，密布着一千多口盐井，五十多家盐灶房。珠溪河畔的老街宛若一条舞动的游龙，青石条铺成的巷道，排列着古朴的民居（图 7.8）。古镇老街有商店、有茶馆、有饭馆，也有客栈。商店出售的是镇上居民的日用品，茶馆里是喝茶、打牌的居民，饭馆里吃的是古镇的豆腐，周末、长假期会有成都、重庆的游客过来吃豆腐，平日里则很少有外来人。

商贾云集、舟船往来，各种庙宇也应运而生，罗泉镇于是就有了“九宫一寺八庙”，如今的人们仍然沿袭着古老的庙会传统。我来罗泉正好是农历九月份，民间认为农历九月十九是观音菩萨的生日，各家庙宇都要举办观音会，观音会上一是聚餐，二是唱戏。在盐神庙戏台上，有位老伯正在修补竹席（图 7.9），他说：“后天观音菩萨生日这里要唱戏，明天就有菩萨会聚餐，你可一定要来啊。”镇上一间杂货铺的老板告诉我“河对面的玉皇庙今天就有菩萨会，你跟着那几位妇女就能找到”。小庙规模不大，来的有二三十人，妇孺居多。菩萨会（图 7.10）的主要节目是请每位前来捐功德钱的人吃一顿素食，功

图 7.8　古镇老街，罗泉，四川资中。

图 7.9

图 7.10

图 7.9 盐神庙戏台上补席师傅，罗泉，四川资中。老师傅非常健谈，他说：后天观音菩萨生日这里要唱戏，明天就有菩萨会聚餐，你可一定要来啊。
图 7.10 罗泉观音会，罗泉，四川资中。菩萨会的主要节目是请每位前来捐功德钱的人吃一顿素食，功德钱多少不论，饭管饱。用朱笔在黄纸誊写功德名录的大姐对我说：“观音菩萨很灵的，北京来的人也照顾得来的。”

德钱多少不论，1 元、2 元均可，饭管饱。赴菩萨会的乡亲们互相都认识，只有我一个外来人。一位正在用朱笔黄纸誊写功德名录的大姐对我说：“观音菩萨很灵的，北京来的人也照顾得来的。”热情、纯朴的罗泉人，让罗泉成为我非常喜欢的古镇之一。

碛口，山西临县

“物阜民丰小都会，河声岳色大文章”，是清朝永宁州（今离石）人崔炳文对碛口镇的描述。碛口，是黄河晋陕峡谷中段的一座古镇。黄河河道中间凸起一片片浅滩，河水陡然收缩并急剧下落，这片浅滩就是“大同碛”，当地人称作“麒麟滩”。碛口以北是黄河的黄金水道，向南则船只难以通航，于是从黄河上游来的船只都在此靠岸，把塞外的皮毛、油料、药材等卸下来，然后依靠骡马驼队转运至太原、北京等中原地区，中原出产的棉布、绸缎、茶叶、陶瓷等物品由驼队运来此地装船运往塞外。山西人在北方人当中是以善于经营算计而闻名的，又有黄河黄金水道之利，东西货物南北商旅尽汇于此，所以很快就形成了“水旱码头小都会，九曲黄河第一镇”。清雍正年间至民国的二百多年间碛口一直是北方的商贸重镇。

沧海桑田，碛口已经不再是水旱码头、小都会了。不过，古镇的建筑和民风得以大部分留存下来。古镇上的黑龙庙依然高踞山头俯视古镇（图 7.11），守望黄河，古镇上的店面宅院很多保存完好（图 7.12），有的建成了客栈、宾馆；居民窑洞院落依然住着朴素的居民，他们在这里生生不息；古镇的街道依然铺着石板，两侧排列的各式店铺；就连古老的油篓子还在角落里沉睡……

图 7.11　俯瞰碛口，山西临县。卧虎山的黑龙庙是碛口的制高点，过去黄河船工远远望见黑龙庙，就知道该靠岸了。

图 7.12 新生，碛口，山西临县。古镇虽然不再是商埠重镇了，但它留下了大量的商铺四合院和民居四合院。它的子孙还继续在这里繁衍生息。

小资料：中国民居

四合院

四合院是汉族传统院落建筑，一个院子四面建有房屋，把庭院合围在中间，故名四合院。合院式建筑在中国分布地域广泛，北京民居就以四合院最具特色，就连紫禁城也是由众多的四合院组成的建筑群。晋中大院的民居也都是四合院式院落。到了南方，院落缩小，房屋变成二层楼房，这种合院形式叫作天井院，有个好听的名字叫作“四水归堂”，徽派民居主要就是这种天井院。在云南大理，白族民居常见有三合院和四合院，三合院落是由三栋房屋和一面照壁合围的院落，也有一个好听的名字叫“三坊一照壁”，四合院落叫作“四合五天井”。

窑洞

在山西、陕西的黄土高原地区，土质坚实、干旱少雨，这一带的民居以窑洞为主。最古老的窑洞形式是靠山窑，就是在黄土山崖上挖出上面圆拱形，下面直方形的洞穴。富裕的地区打石窑洞，在洞窟用石块砌出拱形，还有一种是独立式窑洞，完全用石块砌出窑洞形的房屋。

吊脚楼

在渝东南及桂北、湘西、鄂西、黔东南一带炎热潮湿的山区，壮族、苗族、侗族等少数民族创造出一种两三层的木架构房屋，底层通透不住人，上层是生活起居的居室，这种民居叫作吊脚楼。

蒙古包

北方游牧民族需要择水草而居，不断在冬季和夏季牧场之间迁徙，他们的房屋是一种可移动的毡房，叫作蒙古包。居住在内蒙古和新疆草原上的蒙古族、哈萨克族等广泛使用蒙古包。

土楼

土楼是一种特殊的建筑形式，是客家人在由中原向南方迁移之际创造出来的既能够抵御外来袭扰，又能团结亲族的一种居住形式，主要分布在福建省龙岩永定县、福建省漳州南靖县和华安县，赣南和粤北也有分布。

霍童，福建宁德

相较于闽南的厦门、泉州、漳州等地的赫赫声名，闽东地区的古镇古村至今仍然是“养在深闺人未识”。宁德市霍童镇坐落在霍童山下的霍童溪畔，霍童山被道家尊为“三十六洞天”之“天下第一洞天”，是中国东南道教之发祥地。历史上霍童是福州、宁德通往屏南、古田、周宁的古驿道和水上运输的中转码头，明清时期是非常热闹的商旅往来、货物集散的重镇。

现在古镇有一条保存基本完好的明清古街，古街两旁是曾经的名门望族留下的深宅大院（图 7.13）。有几座大院的格局保存基本完好，大院里还有人居住，不过，居住在老宅里的人不多了，多是固守家园的老年人，没住人的房屋维护起来就比较困难，往昔的辉煌正在慢慢走向消亡。霍童的老宅院落多是三四进的合院，门楼或砖雕、或灰塑，都很精美，最具特色的当属围墙，各进院落的围墙高低不同，迭落曲折，生动流畅。一些大户人家，同族兄弟的院落比邻而建，共用一个门楼，院内用照壁相隔，既相互独立又能彼此照应，也是当地民居独具特色的形式。

霍童民俗节庆“二月二灯会”上的霍童线狮，是霍童的另一项传统技艺，也是国家级非物质遗产保护项目。我是元宵节过后来到霍童，距离二月二灯会还有半个月左右的时间，制作线狮的准备工作已经开始了，去年用的“抬阁”被清理出来，骨架或许还能用，但是装饰和狮子都必须重新制作。

在老街的一家临街的铺面，我见到了正在制作剪刀的郑老先生（图 7.14）。曾几何时，霍童剪刀名扬海内外，现如今这一堂熊熊燃烧了两百多年的炉火，只剩下郑氏父子二人坚守了。这种坚守近乎固执，清晨郑老师傅打开门板之前，先烧纸敬香，然后再捅开炉火，开始一天的劳作。黄昏，老先生还是要烧纸敬香，点燃一挂鞭炮，然后一扇一扇地关上门板。与固守相伴的是低效率，父子二人每天只能制作不到 10 把剪刀，一把手工精心制作的剪刀只要 70 块钱。更令老人担忧的是这样的坚守还能持续多久：一天在闷热的环境中劳作 10 个小时，捶打、错刀机械地操作，又劳累又枯燥，很少年轻人愿意学这门手艺，手艺濒临失传。

图 7.13　老街，霍童，福建宁德。这条明清老街上还有二十几座保存比较完好的古老院落。
图 7.14　制作剪刀的郑老师傅，霍童，福建宁德。霍童剪刀有两百多年的历史，在闽东一带非常著名，曾远销东南亚。现在只剩下郑老师傅父子二人仍在坚守这份产业。

和顺，云南腾冲

夕阳温暖地照在石桥上，桥上的老人在夕阳中转过脸朝我灿烂地一笑："我们祖上是洪武年间移民过来的，我家现在的房子还是洪武年间的呢！"说完，老人自豪地拉着我去他家做客。

和顺古镇，位于云南省腾冲县。最初是明朝洪武年间来自中原内地的屯田戍边的移民建立起来的。清末，很多和顺人都到缅甸去闯荡，做玉石生意，发了财回家乡买地盖房子。如今的和顺是著名侨乡，就是因为有很多人在异国他乡闯荡的华侨的缘故。

和顺的民居通常是“三房一照壁”的两进院落（图 7.15）。前一进院落是花厅，摆放各种花草，和顺人喜欢茶花，几乎每家的院子里都能见到茶花。二进院落是二层楼房的合院。正房是家堂，供奉着“天

图 7.15 图 7.16 图 7.17

图 7.15　老宅照壁，和顺，云南腾冲。和顺的民居院子是典型的两进“三房一照壁”院落。

图 7.16　有“齐眉笃祜”匾额的家堂，和顺，云南腾冲。和顺人喜欢茶花，几乎每家的院子里都能见到茶花，而且有的茶花还是非常名贵的品种。这是蜡梅，四君子之一，反映了主人的品位。家堂的匾额“齐眉笃祜”是主人向往和追求的生活。

图 7.17　洗衣亭，和顺，云南腾冲。

地君亲师”牌位。家堂挂着匾额和对联，表达主人对美好生活的向往和追求（图 7.16）。

洗衣亭是和顺很有特色的建筑，是一种公共建筑，妇女们在洗衣亭洗衣、洗菜、聊天（图 7.17）。

走在和顺的巷子里，只要嘴角挂着微笑，总能迎来友善的回报，和顺人主动热情地跟你打招呼，告诉一个步履匆匆游客所不知道的和顺。“四季无寒暑，下雨即是冬。”表明和顺并没有明显的冬夏，无论什么季节只要一下雨，天气就会变得寒冷。“看到千手观音大榕树了没有？特别特别像呢！”老太太跟我推荐“千手观音大榕树”的时候还手舞足蹈地比划着。就这样，我在和顺的街头逛荡着，东看看、西看看，或者停下来跟人闲聊，让我总想早点退休，到和顺来逍遥一个冬天。

瑶里，江西浮梁

瑶里，古名“窑里”，是因生产陶瓷而兴起的古镇。陶瓷生产的基本原料是高岭土，就因为产自瑶里镇外的高岭山而得名。从唐代中叶开始，这里就成为陶瓷的生产重镇。宋代制瓷业迅速发展，瑶里达到了辉煌的顶峰，也带动了相邻的景德镇的发展。景德镇后来居上，名气超过了瑶里，还成为一个地级行政区划。而瑶里重归寂静，成为一个古镇。

瑶里镇所在的浮梁县，也是一个历史悠久的县制，瓷都景德镇原本也是浮梁县管辖的一个镇。唐代大诗人白居易在《琵琶行》中有云：“商人重利轻别离，前月浮梁买茶去。”那时候，浮梁县就因茶叶和瓷器而名满天下了。

古镇群山环抱、一水中流，自然景色优美，明清古街与溪水相伴，沿河错落有致地分布着数百幢明清古建筑，飞檐翘角，粉墙黛瓦，掩映在青山绿水之中，大户人家的宅院仿佛还留有往昔的辉煌。电影《闪闪的红星》曾在这里拍摄外景（图 7.18）。

瑶里古镇距离黄山、庐山和婺源都不远，但还不那么热闹，保留着相对宁静的风貌。那天，古镇有人家办婚宴，镇中心的两家饭馆坐满了亲朋好友。为了沾点喜气，我特意找了旁边一家餐馆，老

图 7.18　瑶里古镇，江西景德镇。瑶里古镇的古建筑保存得还相当不错，电影《闪闪的红星》曾在这里拍摄外景。

板端上来古镇特产碱水粑和苦槠豆腐，鞭炮响起，整个古镇都充满了欢乐的气氛。

老财说 之 古镇的兴衰

古镇的形成和兴盛与其所处的地理和社会环境密切相关，这些古镇或者位于南北通衢、东西交汇水陆交通要道，或者拥有某种资源，如煤炭、毛皮、蚕丝，或者专长于某种产业，如制瓷、票号。

随着经济社会的发展、生产生活方式的转变，大多数古镇不可逆转地走向衰落。古镇衰落的原因也很多，或者是资源枯竭了，或是资源不再是生产生活必需品了，或者铁路公路的发展使得经水路流通的货物减少了，于是，古镇的繁华不再。但也有一些古镇幸运地保存下来，保存下来一些古建筑，保留下来一些传统生产生活习俗。

古镇衰落后的境况也不同。一些曾经繁华的古镇，人们会寻找新的出路，古镇会随着近代化和现代化的进程，建立新格局。这些古镇保存下来的遗迹不多，有的甚至完全从人们的视野里消失了。比如位于右江上游号称“滇粤津关”的剥隘古镇就因建设水库而永远地沉睡于水下了。而另外一些古镇由于地处偏远，失去交通要道的地位后，并未找到新的发展通道，那里的人们却有着比较开明的思想，离开家乡去寻找自身的发展，而把一个古老的家乡原原本本地遗忘在那里。黄河岸边的碛口古镇是这样，丹江畔的荆紫关也是如此。

还有一种情况是，古镇的人们有着与时俱进的思想，发现了古镇的新价值，借着旅游开发的热潮，把古镇包装一下，打造一个新古镇，带来新的发展机会，大批游客纷至沓来，给古镇带来可观的经济效益。随着功能的转型，古建筑和古老的风俗不可避免地发生了变化，古镇的形还在，魂则失了，如江南水乡的周庄、同里等。

作为文化生态多样性的支持者，我们希望古镇能够最大限度地保存原汁原味的古建筑和民风古朴的传统。同时，我们也理解古镇人追求新生活的努力，我们所欣赏的所谓文化生态多样性，或许正是古镇人发展的桎梏，古镇人同样渴望更便捷和文明的生活方式，这是他们的权利。

推荐游览：

山西碛口　　　　云南和顺

推荐阅读：

楼庆西．乡土景观十讲 [M]. 北京：生活·读书·新知三联书店，2012.
费孝通．乡土中国 [M]. 北京：北京出版社，2011.
阮仪三．遗珠拾粹——中国古城古镇古村踏察（一）、（二）[M]. 上海：东方出版中心，2013.
王其钧．结庐人间·中国民居 [M]. 上海：上海文艺出版社，2006.
[美]大卫·梭罗．远行 [M]. 李妍，译．北京：古吴轩出版社，2012.
陈丹青．无知的游历 [M]. 桂林：广西师范大学出版社，2014.

视频资料：

推荐资料	推荐说明	二维码
《中国古镇》纪录片	本片涵盖中国 28 个省、区、市的一百余座古镇，覆盖面广、代表性强、特色鲜明，以“一镇一传奇，一镇一风情”为主题，力图通过讲述传奇故事吸引观众，通过展示独特风情感染观众。	

第八讲

村村寨寨

——中国最美乡村

费孝通认为，中国社会的传统是乡土性的，村落是乡土社会的基本单位。在中国数千年的农耕文明发展过程中，乡村一直是社会的最基本的组织形态，九成以上的人口生活在乡村。经过工业化和城镇化发展，到 2010 年第六次全国人口普查的时候，居住在乡村的人口仍然超过总人口的一半。可以说，乡村是中国传统农耕文明的基本载体。

在自然环境优美、经济比较发达，或者水陆交通便利的地方，往往孕育出规模相对较大的村落，有的地方虽然地处偏僻，但是出现过考取功名而显贵的人物，他们衣锦还乡，购置产业，进而形成耕读的文化传统，也有的是在外经商后回乡营建房产，或者达官显贵归隐山村，或者在民族迁徙过程中，相对发达的文化在一些地方沉淀下来，而形成宗族文化传统，这些村子往往成为周边村落向往和趋近的对象，慢慢拥有了特殊的重要地位。这样的村子，通常拥有宏大而华丽的民居院落、宗祠庙宇、学堂书院等家族或者公共建筑。随着社会经济的变迁，或者传统价值观念发生了变化，曾经显赫的村落逐渐萎缩，变成了今天我们所谓的“古村落”。也就是那些保留着古朴民风，建筑风格及生活方式均保留历史习惯的自然村落。

2003 年起，国家住建部和文物局共同组织评选“中国历史文化名镇名村”，先后公布了六批名镇和名村，其中名村 276 个。这些所谓的“名村”，基本符合上面所说的“古村落”的概念。当然，在两千多年的农耕文明发展当中，涌现出数不清的重要村落，也有无数的村落至今仍然保存得相对完好，这个名镇名村的名单估计还会增长，名单之外仍然有安静地躲在世外桃源中的古村落。这里介绍的 8 座古村落是从我历年寻访的近百座古村中遴选出来的，一个最重要的条件是村子仍然是村民的家园乐土，是生活着的村子，在此基础上考虑民居特色鲜明、建筑优美、民风淳朴等因素。而它们是否进入了名单并不是考虑的因素，毕竟旅行者寻找的是一种心灵的愉悦，而非村子的名头。

西递村，安徽黟县

“一生痴绝处，无梦到徽州。”明代戏剧家汤显祖留下的千古绝唱，吸引无数人踏上前往徽州的旅途。如今的徽州是一个地域概念，由安徽的歙县、黟县、休宁、祁门、绩溪及江西婺源六个县组成。历史上的徽州，曾经诞生过程朱理学的核心人物朱熹，因而儒学之风甚隆，苦读出仕的传统颇盛，文房四宝中的徽墨、宣纸、歙砚都产自徽州一带；继而徽商入芜湖走余杭，生意做得轰轰烈烈，在江浙一带有“无徽不成镇”之说。儒学之风加上善于经营，徽商就有了儒商的雅号，儒商们“商而优则仕”，有了财富便在家乡营建房产，致力耕读，然后步入仕途，再衣锦还乡，带动更多的人走“经商－耕读－出仕”的道路，这个风气至今仍依稀可见。徽州人懂得尊重传统，因而徽州的古村落保存得好，淳朴的民风也一脉相承（图 8.1 至图 8.3）。

徽州古村落值得一去的地方很多，给我留下深刻印象的也有很多，比如西递、宏村、卢村、塔川、思溪延村、长溪、李坑等，这里介绍的是其中名气最大的一处。西递和宏村，是第一批获评的中国历史文化名村，2000 年列入世界文化遗产名录。虽然名气很大，但是商业开发还是有序有度的，民风依然比较淳朴，仅凭这一点，曾经涌现出晋商的晋中大院还需要学习。晋商曾经也是讲究“耕读传家”的，经商富裕了之后，在老家置办产业、让子女读书，或许晋商的后人太聪明了，或许经营票号与经营实体产业不同，晋商留下来的那些大院，在新时代的经济浪潮中，过分商业化了。本书介绍古城、古镇和

图 8.1

图 8.3

图 8.2

图 8.1 西递古村，安徽黟县。西递古村整体风貌保存完整，被列入世界文化遗产后保护得更好了。
图 8.2 雨中写生，西递，安徽黟县。小巷、马头墙、砖雕门楼、花窗，无不入画，吸引不少美术专业的学生前来写生。
图 8.3 徽派建筑之天井，西递，安徽黟县。正值深秋，此刻细雨从天井上方飘洒下来，落在水池中，手捧一本闲书，思绪也像那些雨丝飘忽不定，“风声雨声读书声声声入耳，家事国事天下事事事关心”，在这寂寥的老宅里，凭空增添了些家国情怀。

古村的时候，几次都反复考虑晋中的那些大院，但最终还是放弃了，因为它们已经失去了鲜活的生活气息，成为纯粹的旅游景点了。

党家村，陕西韩城

陕西韩城党家村也是 2003 年第一批获评的“中国历史文化名村”，比起徽州古村落来，仍然保持着宁静平和的状态。

党家村是党、贾两姓家族兴建的民居村落（图 8.4、图 8.5）。据传，党家的初祖在元初时逃难至此定居，元末贾姓始祖从山西大槐树迁徙到此。党、贾两姓都善于经商，清初在鄂豫交界的唐白河流域经商，赚了钱后回到老家修建豪宅大院。党家村的选址也一定是经风水先生查看过的。整个村子建在一个葫芦形的沟谷之中，谷中有溪流，谷坡不陡，筑起寨墙之后刚好把村子包裹起来，这样就形成了村与寨相依相靠的格局。专家说：党家村是东方人类古代传统居住村寨的活化石。

党家村的建设高峰是清中期的嘉庆、道光、咸丰三朝，在一百多

图 8.4　党家村，陕西韩城。村子建在一个葫芦形的沟谷之中，谷中有溪流，坡上筑寨墙，形成了村与寨相依的格局。

图 8.5　党家村，早操，陕西韩城。每天清晨，伴随着鸡鸣，村妇们聚拢在祠堂前的空地上做早操。

年的持续建设中，兴建了一百余座四合院。可喜的是这些四合院大多至今仍保存得不错，成为我们欣赏民居古建的一个好去处。

参观党家村最大的看点就是欣赏四合院和无处不在的“三雕”（砖雕、木雕和石雕）。党家村的四合院多是独立院落，不带跨院。基本上由倒座房、正房和东西厢房组成，厢房距离很近，使得院落像一个狭长的过道。四合院的大门一般在东南角，工匠们把建筑的艺术才华大多施展在了这个大门上了。党家村四合院的大门常见的形式叫作“走马门楼”，门楼高大，下有台阶，上有门楣，有上马石、抱鼓石，门柱外侧还有“螭头子”。这些门楼构件由砖、木、石构建，“三雕”遍布门楼，成为最值得欣赏的艺术品。

小资料：建筑装饰三雕

三雕指的是木雕、砖雕和石雕，装饰于建筑构件或者附属建筑上，增加建筑物的形式美感，并表达人们祈福吉祥和美好追求的愿望，有的还能起到教化和宣扬美德的作用。三雕，是中国传统民居常见的建筑装饰，在民居古建中非常普遍（图 8.6）。

木雕，是三雕中应用最广泛的一种，建筑物上凡可以施以装饰的木质构件几乎都可以施展雕刻技艺。常见木雕出现在门窗、梁枋、柱头、栏杆、雀替、隔扇、屏风等处。除建筑物外，家具也是木雕大展风采的地方。

砖雕，在质地细腻的青灰砖上经过精致地雕镂而形成的建筑装饰，广泛用于门楼、门套、门楣、屋檐、墀头、影壁等装饰。

石雕，主要用于柱础、门墙、栏杆等的装饰，抱鼓石、上马石以及牌坊等附属建筑物更是施展石雕技艺的用武之地。

三雕题材通常反映人们对美好事物的向往和追求，比如民间传统吉祥寓意的图案、民间传说、戏曲故事等，更常见的是动物、花鸟图案，都是吉祥祝福的寓意。比如事事如意（双狮）、五福捧寿（蝙蝠和桃）、封侯挂印（猴和蜜蜂）、鹤鹿同春、连年有余（莲和鲤鱼），等等。

就三雕比较精美的地域流派而论，徽派三雕和晋中三雕都是值得称道的。徽派三雕以精细著称，内容常见情节化的人物故事，晋中的三雕往往比较高大朴实，常见动物花鸟图案。

图 8.6　民居建筑装饰三雕，党家村，陕西韩城。
左上：砖雕蝎头子；左下：木雕走马板；右：石雕抱鼓石。

培田村，福建连城

培田村，在福建省连城县，是从前居住在闽南大山中的客家人往来汀州（如今的长汀）的必经之地。培田，是客家人聚居的村落。不过，这里的建筑不同于南靖、永定的土楼，而是合院式建筑，规模宏大者号称“九厅十八井”，即九进厅堂、十八个天井之意（图 8.7、图 8.8）。居住在培田的吴姓家族早年出过进士，官爵显赫，因此培田人非常重视教育，兴建书院供子孙读书。而且，培田的女娃也有读书的机会，村里有一个非常小的宅院叫作“容膝居”，就是过去女子读书的地方（图 8.9）。

图 8.7 | 图 8.8 / 图 8.9

图 8.7　天井院落，培田，福建连城。连城民居是合院式建筑，有“九厅十八井”之称。
图 8.8　客家春来早，培田，福建连城。早晨二月，梅花已经绽放，古村一派盎然春意。
图 8.9　奔跑的女孩儿，培田，福建连城。容膝居是一个非常小的院落，主人形容仅容一膝之地。白居易诗云：“充肠皆美食，容膝即安居。况此松斋下，一琴数帙书。”这里曾经是培田的女子学馆，教客家女子读书识字。

客家女子非常勤劳。据说很久以前岭南一带就有“夫逸妇劳”的传统，妇女负责养家，男子抱仔嬉游。客家人迁徙到闽西一带后，也慢慢养成了女子勤劳持家的习俗。在培田，参观古民居更有趣的事情是看妇女们劳作。清晨，穿过整个村子的水渠边响起清脆的棒槌声，那是客家女们在洗衣服；偶尔，又响起砍伐竹子的声响，循声望去一位客家女收起砍刀，挑起担子健步如飞，腰里还系着围裙；另外一群忙碌的妇女在制作藕粉，婆媳配合默契。最有趣的一幕是，一个中学生模样的女孩儿想跟她的同学去玩，父亲端来一盆衣服让她洗完之后再去玩，女孩噘着嘴很不情愿地把衣服洗完，转身飞一样地跑得无影无踪。我拍下了这个画面，而女孩儿跑过的地方正是过去的女子学校“容膝居”。

西文兴村，山西沁水

西文兴村，在山西省沁水县土沃乡，居住着柳宗元的宗族后裔，因而这个村子以柳氏民居而闻名。唐宋八大家之一的柳宗元是河东人士，也就是今天的运城。“永贞革新”失败后，柳宗元连续被贬，最终被贬为永州司马（今天湖南省永州市）。柳宗元政治上的失意也连累到族人，于是他的族人们由河东迁徙到了沁水。柳宗元的后人们虽然没有人能够超越他，但在明代又迎来了一个氏族发展的高潮。柳氏出了两科进士，多人入朝为官，现存的高宅大院也都是那个时期留下来的。清初，柳氏后人又屡中进士、状元，蒙皇帝御赐牌匾、宝剑，大宅院也因此得以增修。

历经数百年之后，柳氏的高宅大院还有几座至今保存完好。除了河东世泽、司马第、中宪第、行邀天宠、堂构攸昭等府第外，保存完好的还有关帝庙、魁星阁（图 8.10）、文昌阁和柳氏宗祠。宅第建筑都是二层楼房的四合院，由四座既独立又相互联系的楼房组成。柳氏民居的高宅大院的一个显著的特点是厚重，宅院规模宏大，风格

图 8.10　柳氏民居，魁星阁，山西沁水。

图 8.11　柳氏民居，抱鼓石，山西沁水。

凝重，用料讲究，稳重之中不乏精巧之处。门楼是体现等级的地方，司马第高大的门楼上的斗拱高达九层。建筑装饰三雕（砖雕、木雕、石雕）也都是硕大而凝重，司马第门楼的抱鼓石和石狮子体量巨大（图 8.11），在民居建筑中比较少见。

肇兴侗寨，贵州黎平

在中国西南黔桂湘三省交界的茫茫群山之中，生活着一支勤劳、勇敢、快乐的民族——侗族。侗族的村寨大都建在依山傍水之所，群山揽翠、碧水环流。侗族人居住的吊脚楼多用杉木建造，侗寨中最具特色的建筑是鼓楼和风雨桥。鼓楼是侗寨的标志，大凡侗寨都有鼓楼。有的鼓楼以家族为单位建筑，大的侗寨常常有多座鼓楼，鼓楼一般是多层塔楼，下方上尖，黛瓦敷顶，白灰勾檐，黑白相间、层层叠叠，耸立寨中，蔚为壮观。鼓楼是家族或是寨子聚会、休憩的场所。闲暇时分，村民们聚拢在鼓楼里下棋、打牌、闲谈，安居乐业，其乐融融。风雨桥是建在河流上的廊桥，既是渡河的通道，又是侗族人休息、娱乐的地方。尤其是夏季，天气炎热，而且多雨，架空在河流之上的廊桥，空气流通、凉爽干燥，遮阳避雨、视野通透，真是理想的避暑之地。跟鼓楼一样，风雨桥也是侗族人建筑智慧的结晶，有的廊桥上建起层层叠叠的多宝塔，有的人畜分行、各得其道。

肇兴侗寨，位于贵州省黎平县。肇兴侗寨规模很大（图 8.12），全寨 1000 余户人家，6000 多人口，而且寨子里的人都姓陆，是陆姓的五大族群，每个族群相对集中地居住在叫作“团”的片区内，五个族群以仁、义、礼、智、信命名为五个团，即仁团、义团、礼团、智团和信团。每个团都建有自己的鼓楼，这样，肇兴侗寨就有五座

图 8.12　夕阳下的侗寨，肇兴，贵州黎平。站在中学的草场，可以俯瞰整个侗寨，仁、义、礼、智、信五座鼓楼尽在眼前。

图 8.13 鼓楼里弹琴唱歌的侗族青年，肇兴，贵州黎平。鼓楼是侗族人休息、娱乐的大客厅，也是青年男女谈情说爱的好地方。

鼓楼。寨子里的每个人都能告诉你：去中学，那里可以看到全寨的五座鼓楼。黄昏时分，登山中学所在的山坡，眺望整个侗寨，暖阳给寨子涂上了一层金色的光辉，溪水两岸的吊脚楼栉比地排开，黑色的屋檐层层叠叠地延伸，五座高耸的鼓楼矗立在寨子当中，把平行伸向远方的视线又引导向天空，形成全方位的、立体感的丰富画面。

肇兴侗寨在驴友圈中名气很大，许多媒体也都给予它各种各样的华丽的头衔。难能可贵的是，肇兴在这些令人炫目的头衔和趋之若鹜的旅游者的追捧中，依然保持着淳朴和宁静。人们日出而作、日落而息，在鼓楼弹琴唱歌（图 8.13），在风雨桥上下棋聊天。也会有人热情地告诉你：沿着小溪往上走，就能到堂安，那又是一片纯真的田野。

洪坑村，福建永定

分布在闽西大山深处的客家村落中，不少都给我留下了很美好的印象，塔下、河坑、初溪、洪坑、云水谣……可以说出一大串名字，要选择一个介绍还真费了一番思量。要论幽静雅致，无疑当属塔下，要论原始风貌，当属河坑，要说规模数量，可能要数初溪，要说名气大，非云水谣莫属。眼前像过电影一样不断闪过客家土楼的种种画面，最终出现最多的画面竟是客家女货郎的身影。

洪坑村是林氏客家人世代居住的村落，从宋末元初来此开创基业，经过世代繁衍已经形成一个拥有数十座土楼的大型村落，由于交通方便，这里也成为永定客家土楼旅游最方便的村落之一。村子中有几座颇具特色而且保存基本完好的鼓楼，是客家土楼的代表。其中，振成楼是典型的圆楼，局部建筑风格采用西方建筑元素，堪称中西合璧的传统民居建筑的杰作（图 8.14）；奎聚楼是宫殿式土楼，中厅雕梁画栋、典雅堂皇；福裕楼是五凤楼式土楼，非常接近中原的四合院式样（图 8.15）。

清晨游客还没到来，或者傍晚游客散去，是古村最有魅力的时刻。村民在溪水岸边洗衣服，年轻的妈妈端着饭碗追着儿童喂饭，村妇赶了一群鸭子从溪水边归来，客家的男人们坐在天井里悠闲地喝茶，还有走街串巷的客家女货郎。女货郎们担着青菜，担着鲜肉，担着日用杂货，一个土楼一个土楼地转悠，并不大声吆喝，见到主人只是轻轻问上一声，或者再聊上一两句。偶遇一位担着鲜肉的女货郎，从福裕楼的旁门迈步出来，很有画面感。我把拍的照片给她看，看到我给她拍的照片后很兴奋，问我能不能拿出来给她，我答应回去以后寄给她，她高兴地说要再拍几张，还摆出各种姿势。另一个担着扫帚的年纪稍长女货郎，刚才我在福裕楼见到她，后来又在如升楼遇到，刚打了一声招呼，才发现语言不通，于是留下一张笑脸，再次在光裕楼碰面时就是相视而笑了。就这样，在洪坑村的两天里，遇到了很多挑担的女货郎，她们是我客家寻访之旅最美好的记忆（图 8.16）。

图 8.14　图 8.16
图 8.15

图 8.14　振成楼，洪坑，福建永定。振成楼被誉为“土楼王子”，是典型的圆楼，局部建筑风格采用西方建筑元素，堪称中西合璧的传统民居建筑的杰作。
图 8.15　题额与对联，洪坑，福建永定。古村的魅力就在于传统文化的传承与延续，大门最外侧的砖雕对联“静以修身俭以养德，入则笃行出则友贤”是道光甲午年（1834 年）乡绅所题，意趣在于“修身齐家”，内侧红纸书写的对联则是刚刚贴上去的（2013 年），赞美的是“兄弟和睦夫妻友爱”。
图 8.16　女货郎，洪坑，福建永定。我在好几个土楼里都遇到了这位挑着扫帚的女货郎，由于语言不通，每次相遇而笑。

甲居藏寨，四川丹巴

在从丹巴县城前往甲居藏寨的路上，随着车子的颠簸我嘴里哼着“桃花源是美人窝”。但我心里清楚，这次来丹巴既看不到桃花也见不到美人。甲居藏寨最美的时候一是四月，二是春节。四月，大渡河谷里梨花盛开，翠绿的山谷里开满了洁白的梨花，藏红色的碉楼洒落在翠绿与洁白之间，美不胜收。春节的时候，在外面文工团工作的丹巴藏族美女都回乡过年，那时候美人云集，称得上是真正的美人谷。我在夏季来到这里也有一番妙趣，大渡河谷里云气升腾，忽明忽暗，山坡上的藏寨就像掩映在仙境中一样（图 8.17）。

居住在甲居藏寨的是嘉绒藏族，与康巴藏族和安多藏寨共同构成藏族的三个大的支系。嘉绒藏族以农耕为主，主要生活在丹巴、金川、小金、马尔康一带，总人口不多。嘉绒藏族的民居以木石结构为主，石头是主要的建筑材料，嘉绒藏族崇尚白色，因此，嘉绒藏族民居常用白色。这些特点在甲居臧寨的碉楼上体现得非常明显。石块砌成的碉楼底层通常涂成白色，用木材搭建的井干式顶层楼房，往往涂成藏红色，屋顶四角装饰石砌尖角，也涂成白色，形成红、白相间的两层或三层碉楼（图 8.18）。

由于没有见到丹巴美女，我一直期待着重访甲居，可巧的是，我第二次到甲居还是夏季，还是大渡河谷烟雨迷离的时节，还是没有见到成群的美女，我可能还要三访甲居。

图 8.17　雾锁藏寨，甲居，四川丹巴。

图 8.18　碉楼和藏寨，甲居，四川丹巴。

芙蓉村，浙江永嘉

楠溪江中游永嘉县境内的许多古老村子仿佛至今依然与世隔绝，这种隔绝绝对不是交通不便造成的。村里人似乎从心里就愿意固守一如既往的与世隔绝的生活模式，离开村子的年轻人可以到数十公里之外的城市里创建“温州模式”，但留下的人们只知道“楠溪江模式”。在我探访的楠溪江八座古村当中，距离岩头镇咫尺之遥的芙蓉村是交通最方便的一个，村里妇女制作的打火机或者小发夹可以走遍世界，但是妇女们却愿意一辈子都待在村子里。

古风是构成古村的精神要素，老屋是构成古村的物质要素。行走在楠溪江古村，随时能感受到民风的纯朴。在蓬溪村，一位老伯让我把背包放在他家，然后轻装去村子里转，告诉我你可以去村外的瀑布看看。为了转车去花坦，我把大背包寄放在中巴车站旁的一个山洞里的烧饼摊，摊主说：你去吧，回来记得拿！楠溪江古村落中到处可见老屋。总体来说，楠溪江古村中的老屋，比起徽州或者晋中的民居，精美程度要逊色许多，而且多数老屋的保存状况也说不上好。但是，古风和老屋结合在一起，就让古村具有了独特的魅力，这种魅力可能表现在优美清新的环境，可能表现在崇文重教的传统，或者表现在宗族姻亲观念，也可能表现为遁世归隐的精神追求。

芙蓉村，因村南有三座宛若芙蓉的山峰而得名，村子居住着陈姓家族四百余户。村子的布局很有讲究，村中心修建一个水塘——芙蓉池，正好映衬村南的芙蓉峰，叫作“水映芙蓉”，村中纵横交叉的道路和水系构成“七星八斗”的格局。以此寓意芙蓉村的子孙后代人才辈出，犹如天上的星斗一般。芙蓉池中有一座芙蓉亭，是村民休息娱乐的场所（图 8.19）。村子中有一座陈氏大宗祠，供奉祖先、昭显功

图 8.19 芙蓉亭和芙蓉池，芙蓉村，浙江永嘉。芙蓉池和芙蓉亭位于村子中心，是村民们休憩娱乐的场所。

图 8.20 素面人生，芙蓉村，浙江永嘉。

德，祠堂内有一座大戏台，是村民们举办节庆活动的场所。村中还有一座明伦堂，过去是学堂。这些功能全面的公共设施，是形成古村深厚文化底蕴的不可缺少的因素。

楠溪江素面是永嘉县楠溪江一带的特产美食，几乎家家户户都会制作这种素面，据说从前走亲访友或者嫁娶生产都用素面为礼相赠的。在温州就有几家生意红火的楠溪江素面馆（图 8.20）。

老财说 之 再谈旅游与摄影

马克吕布说：我拍照不是为了见证历史，而是作为陌生人的好奇心……我宁愿拍一些细节，记录普通生活中微小的事情。车尔尼雪夫斯基说："艺术家的任务不在于追求那些不存在的美，也不在于去美化现实生活，而在于真实地再现生活。"

探访古城、古镇和古村，特别是探访那些没有经过商业开发的古村镇。人文体验实际上就是旅行的主要内容。古村镇之所以古老，很大程度上是因为民风古。所谓民风古，是指人们敬重传统、爱护先人创造的物质财富、传承先人的精神财富，所以，它们才能存续到今天，这样的古村镇中，总有一些事情让旅行者感动。如果你恰好用相机把它们记录下来，把你的感动传递给更多的人，那么，旅行的价值倍增。

学习摄影，第一步当然是学会基本的摄影技巧。摄影技巧本身其实并不难，找一本摄影入门的书籍看看，就对光圈、快门掌握得八九不离十，再多拍、多看，就能掌握基本的摄影技术。学摄影的第二步是找到自己喜欢和擅长的题材，初学摄影可能什么题材都想试试，从微距、风光、静物、人像、纪实到野生动物，都不愿放弃。然而，一名摄影师不可能什么题材都擅长，不同题材要求的器材和技巧都不一样，比如风光摄影需要较大画幅的相机、大型三脚架以及各种滤镜，要起早贪黑、等候特殊天气，而纪实摄影则往往使用小型相机，需要敏锐的观察力和预判力。

学习摄影最困难的一步在于让作品反映思想。要反映思想，首先要有思想，思想来源于对某种事物的熟知与热爱。我喜欢古城镇、古村寨，身处古村镇中，感受到的是内心的踏实和安宁，所以我拍摄的照片能传递一种平和、安静、朴实的氛围，这些照片也许不像风光明信片那样具有色彩美、形式美，但它们具有真实美和朴实美。人们欣赏纪实摄影作品也许并不主要分析它的光圈、快门和用光，更主要的是看作品所反映的内容，但这不意味着纪实摄影不需要摄影技巧，优秀的纪实摄影作品往往是在最恰当的时间使用了最恰当的摄影技巧定格了“决定性瞬间”（这是法国人文摄影师亨利布列松的摄影观念），只不过作品的思想性超过了摄影艺术性。这是民俗纪实摄影的真谛。

摄影和旅行一样，是一件非常个性的事情。永远停留在风光明信片的模仿，摄影创作就根本无从谈起。所谓创作，是由思想驱动的，而非技术驱动。

推荐参观：

徽州古村落（西递、宏村、理坑、江岭、晓起等）。
晋东南古村落（皇城相府、郭峪、上庄、湘峪、郭壁、西文兴等）。

推荐阅读：

费孝通．江村经济 [M]. 北京：北京出版社，2011.

李秋香，罗德胤．中国民居五书（北方·西南·赣粤·浙江·福建）[M]. 北京：清华大学出版社，2010.

余秋雨．山居笔记 [M]. 上海：文汇出版社，2012.

梁鸿．出梁庄记 [M]. 广州：花城出版社，2013.

视频资料：

推荐资料	推荐说明	二维码
锦绣华屋之广厦万千	本片选取具有代表性的南北院落式民居，以及作为里坊制度活化石的三坊七巷，介绍中国古代民居建筑如何因地制宜，在满足人们对居住的物质要求同时，体现古代中国人的审美情趣与情感需求。	

第六讲

远古的足音

——史前文化及彩陶器欣赏

我们先来看两件史前陶器。一件是青海大通县出土的5000年前马家窑文化时期的彩陶盆，盆内壁的上沿绘有三组舞蹈人物的图像，每一组有五个人手拉手在跳舞。人物头上有发辫，腰间有一根突出的物体，充满了神秘色彩。在舞蹈人物脚下有四道平行的圆圈线条，试想一下如果盆中盛水到圆圈线条之处，人物就如同在湖畔舞蹈一般。这可能是我国目前已知最早的人物画，令人对5000年前祖先们生活的景象充满遐想（图9.1）。

另一件是属于大约7000年前的河姆渡文化的黑陶钵，陶钵的外壁两侧都有阴线刻猪纹。猪纹长吻圆眼、鬃毛竖立，迈开四足，富有运动感（图9.2）。由此得知，早在7000年前，猪就已经是人们生活中的重要伙伴了。河姆渡遗址还出土了人工栽培的稻谷，证明了我国是世界上最早栽培水稻的国家。

这两件陶器分别来自黄河流域和长江流域，黄河文明和长江文明共同构成了中华文明的基础。在其他地域也有史前陶器的发现，但是

图9.1 舞蹈纹彩陶盆，马家窑文化（BC3300—BC2050），青海大通县上孙家寨出土，中国国家博物馆藏。

图9.2 猪纹黑陶钵，河姆渡文化（BC7000—BC6000），浙江余姚河姆渡遗址出土，浙江省博物馆藏。

黄河流域的史前文明脉络已经被考古发现清晰地证明了。因此，习惯上仍然说中华文明是“黄河文明”。

中国是文明古国，有丰富的文化遗产。这些文化遗产构成了文化旅游的重要内容。欣赏自然美景或许凭借本能就够了，但是欣赏文化之美，需要一定的知识准备。

有几个场景至今依然历历在目。大约 2000 年，我去西安，临潼秦始皇兵马俑博物馆游人如织，人们“哇 ~~ 哇 ~~”地叫喊着，感叹 2000 年前秦朝人的杰作。可是，西安市区的半坡遗址博物馆，门可罗雀，6000 年前的祖先画在陶瓮上的鱼没有引起人们的兴趣（图 9.3）。2002 年，在山东大汶口遗址博物馆，从曲阜或者泰山过来的游人三三两两，看着那些灰头土脸的瓦罐子，一脸茫然：大老远地跑来，就是这么几个破罐子啊（图 9.4）！2008 年首都博物馆的《中国记忆——5000 年文明瑰宝展》上，参观的人们摩肩接踵，人们站在国宝“陶鹰尊”前面（图 9.5），却不知道该用什么词儿来表达心中的赞美……

9.3　人面鱼纹彩陶盆，仰韶文（BC5000—BC3000），西安半坡址出土，中国国家博物馆藏。

图 9.4　白陶鬶，大汶口文化（BC4300—BC2600），山东泰安大汶口遗址出土，山东博物馆藏。

图 9.5　黑陶鹰尊，仰韶文化（BC5000—BC3000），陕西华县太平庄出土，中国国家博物馆藏。

我还记得某一年深冬，在章丘城子崖遗址龙山文化博物馆的展览厅，我快速地踱着步，以驱散寒冷，寂寥的脚步声“咚～咚～”地回荡在空旷的大厅里。外面雪花似有似无地飘洒着，大地一片白茫茫，天空也是混沌一片，那脚步声仿佛是从远古传来的回音……

我们为什么能够听到远古的足音？我们为什么要听懂远古的足音？它们是我们的祖先发出的声音，那坚实的步履一步一步把中华文明带到今天的高度，作为中华文明的传承者，我们需要了解祖先们的丰功伟绩，并把它们发扬光大下去。

世界上有“四大文明古国”的说法，它们分别是两河流域的美索不达米亚文明、尼罗河流域的古埃及文明、恒河流域的古印度文明和黄河流域的中华文明。唯有中华文明连绵不绝传承至今。一个重要的因素就是中华文明的传承者们总是时常回望祖先们留下的那一串足迹，倾听远古足音的不绝回响。幸运的是，今天我们还能通过“物态文化”的形式欣赏祖先们创造的文明成果，感受祖先们的精神世界。让我们走进博物馆，看看中华文明走向辉煌的历程。

陶器可能是人类最早的制作。在全球各地，陶器都是博物馆精华的部分。世界上最早的陶器出现于大约 16000 年前，中国最早的陶器出现于大约 10000 年前。如今，这种用黏土烧制的器物，仍是我们日常生活中不可或缺的。英国诗人罗伯特·勃朗宁说：“光阴之轮或退或停，陶匠与黏土永恒。”

什么是“中华文明”？

所谓中华文明，是指以黄河流域为主孕育起来的农耕文明，通常还称作“华夏文明”。距今大约 10000 年前的新石器时代，祖先们学会了栽培谷物与驯养牲畜，开始定居，使用细石器工具，并学会烧制陶器，农耕生活从此开始。考古资料显示，距今8000多年前的黄河流域的磁山文化和裴李岗文化已经开始粟作农业，差不多同一时期，长江下游地区的河姆渡文化也开始了水稻的种植。中国是世界上最早培育种植水稻的地区。

我们的祖先为什么叫作“华夏”族？“华”者，花也，意思是美；“夏”者，大也。华夏，大而美。《春秋左传正义·定公十年》有曰：“中国有礼仪之大，故称夏；有服章之美，谓之华。”在河南博物院，展出有一只六七千年前的彩陶盆，属于史前时期的仰韶文化。人们认为彩陶盆上的白色花瓣一样的纹饰，或许跟“华夏”族有着某种联系（图9.6）。在山西博物院，也有一只绘有类似花瓣的彩陶盆，有学者认为这就是“华夏”民族的源头。此类花瓣纹饰不仅在仰韶文化陶器上相当普遍，在其他史前文化也可见踪影。图9.7是7000多年前青莲岗文化花瓣纹彩陶钵，陶钵表面着色白色陶衣，肩部用褐彩绘画花瓣样的纹饰。推测青莲岗文化可能是大汶口文化的先导文化遗存，这种花瓣纹是否也跟“华夏”有某种联系呢？

图9.6 花瓣纹彩陶盆，仰韶文化（BC5000—BC3000），河南三门峡庙底沟村出土，河南博物院藏。彩陶盆上的白色花瓣一样的纹饰，或许跟“华夏”族有着某种联系。

图9.7 花瓣纹彩陶钵，青莲岗文化（BC5400—BC4400），江苏邱县大墩子出土，故宫博物院藏。

华夏族是黄河中下游流域最早的先民，黄帝统一了原来分散的部落后，建立华夏部落联盟，经过仰韶文化、龙山文化以及二里头文化等史前文明阶段进入夏朝，是中华民族的源头。仰韶文化、青莲岗文化、大汶口文化等出现白色花瓣纹彩陶器，大致符合华夏族发展壮大的脉络。

龙的传人

龙，是华夏先民创造的图腾，是古代神话故事虚构的一种神兽。传说龙能隐能显，春分时登天，秋分时潜渊，能兴云致雨，能腾云驾雾。悠久的龙崇拜的历史，龙的形象慢慢地演变为一种符号、一种情绪、一种血肉相连的情感。中华子孙多自称是“龙的传人”。

中国最早的“龙”的形象大概出现在六七千年前。1971 年在内蒙古翁牛特旗三星塔拉出土了一只墨玉材质的龙形雕刻，这就是号称“中华第一龙”的红山文化玉龙。它的出现让我们对先民们的“龙”崇拜，有了一个物态化的清晰认识（图 9.8）。

大多数人都在不同场合见过这件玉龙的图片，但是当你走进中国国家博物馆“古代中国”展厅，第一次见到玉龙实物的时候仍然会感

图 9.8　玉龙，红山文化（BC4700—BC2900），内蒙古三星塔拉出土，中国国家博物馆藏。这条玉龙呈墨绿色，高 26 厘米，完整无缺，体蜷曲，呈 C 形。吻部前伸，略向上弯曲，嘴紧闭，有对称的双鼻孔，双眼突起呈棱形，有鬣。龙背有对称的单孔，经试验此孔用于悬挂，龙的头尾恰好处于同一水平线上。

到非常震撼。第一个感觉可能是：原来它在这里！第二个震撼是：原来它这么大！第三会猜想：这是做什么用的呢？

考古界对红山玉龙的用途仍在不断探讨，一些专家认为这可能是祭祀用的礼器，后来相继发现的尺寸小一些的玉猪龙，似乎更加印证了祭祀礼器的推断。这些小型的玉猪龙，更适合佩戴在祭祀巫师的胸前或腰间，也更方便手握使用。

红山文化因最早发现于内蒙古赤峰红山后遗址而得名，是距今大约五六千年前的新石器时期的文化遗存，与黄河流域的仰韶文化大致处于相同时期。红山文化因其出土玉龙和女神头像而闻名世界。高超的制玉工艺是红山文化的一个显著特征，迄今为止已发现红山文化玉器近三百件，其中包括多件龙形玉器。这种红山先民所崇拜的神灵图腾物，迄今发现了十余件，分藏于中国国家博物馆、故宫博物院、辽宁省博物馆、内蒙古巴林右旗博物馆、天津博物馆等博物馆。如果有机会到这些城市，一定要去博物馆看看。

再来看一件距今大约六千年的仰韶文化时期的彩陶瓶。这是一件带双耳的小口长颈折肩深腹平底瓶，是水器，瓶身上用黑彩绘了一条鲵鱼纹饰（图 9.9）。鲵鱼，俗称娃娃鱼。瓶上的纹饰准确地表现了鲵鱼的特点，反映了远古人类对生活观察的细致和艺术再现水平。有学者认为这个鱼纹实际上就是早期的龙纹。有鳞有爪鱼形不正是龙的本源吗？

社科院考古所收藏有一件龙山文化时期的彩绘龙纹陶盘。这只陶盘内侧描绘有一条“龙”形图案（图 9.10）。在山西博物院也收藏有一件类似的陶盘，也是陶寺遗址出土的。这只陶盘确凿无疑地说明距今 4000 年，龙已经是中华民族崇拜的图腾了。陶寺遗址据推断可能是帝尧的都城，其社会已经具备了国家的特征和性质，处于早期的国家形态。或许是中国进入文明社会的第一缕曙光。

图 9.9 鲵鱼纹彩陶瓶，仰韶文化中期（BC3900—BC3500），甘肃甘谷西坪出土，甘肃省博物馆藏。

图 9.10 彩绘龙纹陶盘，龙山文化，山西省襄汾县陶寺遗址出土，社科院考古所。内绘的龙纹形状是蛇身，有麟片，舌细长向外伸，舌端呈禾穗状。这是 2009 年在首都博物馆《考古中国》展览上展出时拍摄的。山西博物院收藏有一只同样出土自陶寺遗址的彩绘龙纹陶盘，形制相同、龙形图案也非常相似。

从史前文化到文明曙光

接下来我们较系统地介绍一下史前文明的脉络，看看中华文明是如何形成的。所谓“史前文化”，是指文字产生以前的人类文化。中国公认的最早的成熟文字是殷商时期的甲骨文，然而根据史籍记载，公元前 21 世纪夏朝的建立标志着中国已经进入文明社会，所以，中国史前史指的是公元前 21 世纪之前的人类历史。中国史前史包括旧石器时代和新石器时代，我们重点关注新石器时代史前文化。一般认为，中国在大约 10000 年前进入新石器时代，持续到 4000 年前夏朝的诞生。新石器时代的基本特征是开始农耕和使用陶器。中华民族是世界上最早制作和使用陶器的民族之一，考古研究已经发现了大量的中国史前陶器，如果我们打算通过物态文化来了解中国的史前史的话，走进博物馆去看看史前陶器是最好的途径。

中国的先民们在大约10000年前发明的制陶技术，大约8000年前就已经相当发达了。在黄河流域，距今大约8000年的裴李岗文化和磁山文化都有完整的陶器出土，距今6000—5000年的仰韶文化创造了灿烂的彩陶文化，到了马家窑文化时期，把彩陶艺术推向的顶峰。在黄河流域下游地区，距今6500—4500年的大汶口文化晚期出现了轮制陶器，轮制法制作的陶器器型规整，效率高（图9.11）。距今4500年的龙山文化出现了黑陶，这是陶窑改进之后提高烧制温度的成果，蛋壳黑陶是龙山文化的杰出贡献。

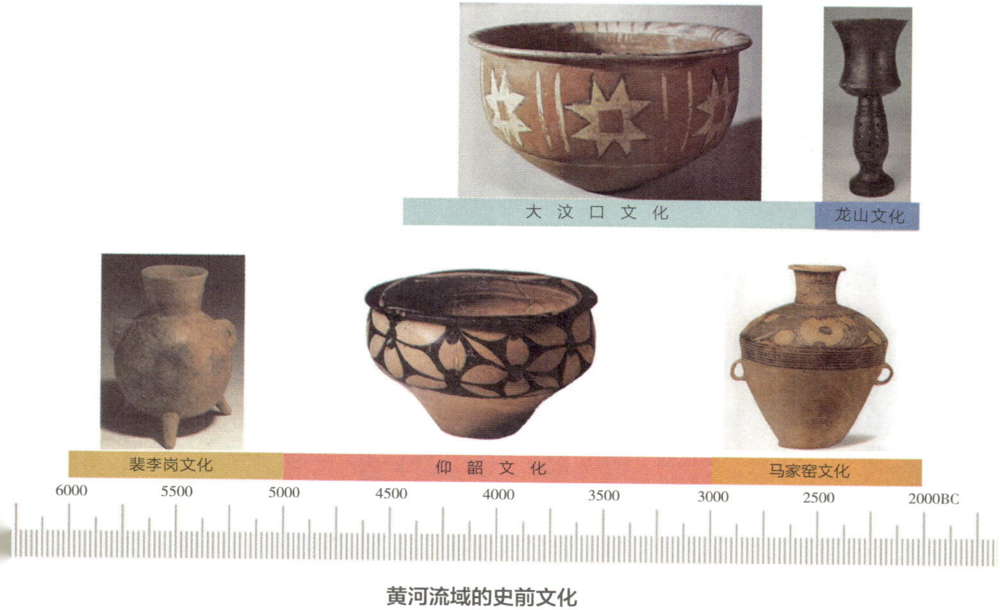

图9.11　黄河流域新石器史前文化的传承脉络。

彩陶是史前先民追求美的物质形态，也是我们如今能看到的史前艺术的主要形式，彩陶是史前艺术的集中体现。仰韶文化前期的彩陶纹饰充满了浓郁的写实风格，植物、动物是常见的主题。仰韶文化制陶业发达，红陶器上常有彩绘的几何形图案或动物形花纹，所以仰韶文化也称作彩陶文化。仰韶文化，是黄河中下游地区重要的新石器时代文化，存续时间为距今大约 7000—5000 年。1921 年在河南省三门峡市渑池县仰韶村被发现，所以被命名为仰韶文化。分布区域以渭、汾、洛诸黄河支流汇集的关中豫西晋南为中心，北到长城沿线及河套地区，南达鄂西北，东至豫东一带，西到甘、青接壤地带。仰韶文化存续时间长、分布地域广，是中华文明的重要的远古文化遗存。

还记得前面提到的人面鱼纹彩陶盆吗（图 9.3）？这是一件细泥红陶制成的敞口盆，可能是一个瓮棺的盖子。盆内壁以黑彩绘出两组对称的人面鱼纹。人的头顶有一个三角形发髻，也可能是鱼鳍形的头饰，嘴旁有两个鱼纹，鱼头相对而且与人嘴外廓重合，两耳旁还有相对的两条小鱼。整个纹饰想象力丰富，大胆夸张，构图简洁明快。即便以今天的审美理念来判断，也是非常具有艺术想象力和表现力的图案。鱼纹是仰韶文化最常见的纹饰，后来逐步演变为几何纹。艺术性和装饰性也随之大幅度提高。

再看一件具有丰富艺术想象力的仰韶彩陶（图 9.12）。这是甘肃省博物馆藏的仰韶文化的细颈彩陶壶。壶身上绘出了三个连环的猪面纹，相邻两头猪面共用一只眼睛，所以仅绘三只眼睛就让每个猪面显出两只眼睛，非常巧妙，这种抽象的艺术表现，需要很强的想象力和表现力。而且，猪面的神态憨稚、生动逼真，显示出高超的艺术水平。

仰韶文化彩陶器中，最令人震撼的莫过于现藏中国国家博物馆的一只彩绘陶缸。陶缸外壁绘有一只鹳鸟嘴里衔着一条鱼，旁边一把木柄石斧，这已经不是简单的纹饰，而是绘画作品了。这可能是中国最早的绘画作品（图 9.13）。

关于这件陶缸再多说几句。第一，它是做什么用的？答案是瓮棺。如此复杂的施彩图案，估计是氏族首领所用。白鹳可能是氏族的图腾，石斧是权力的象征。第二，如何发现的？这件陶缸 1978 年 11 月出土于河南省临汝县（今汝州市）阎村。当时有一位乡文化干事听说阎村发现了不少陶片，就带工具去挖掘，挖掘出陶缸和尖底瓶 13 件，其中一件带有图案。1980 年，这批陶缸和尖底瓶被送到了临汝县文化馆，随后又被调往河南省博物馆，最后由中国国家博物馆收藏。第三，它的价值如何？这是迄今发现的中国最早的绘画作品，此前彩陶上绘制的都是装饰图案，斧子和鱼用黑线勾勒，这种技法一直延续至今，是中国画的传统技法。

图 9.12 猪面纹细颈彩陶壶，仰韶文化（BC5000—BC3000），秦安王家阴洼出土，甘肃省博物馆藏。

图 9.13 鹳鱼石斧图彩绘陶缸，仰韶文化，河南省临汝县阎村出土，中国国家博物馆藏。

古代先民不仅把他们熟悉的动、植物形象绘制在陶器上，还直接把陶器塑造或者雕刻成生活中常见的动物的形象，这就是陶塑。早期的陶塑都是写实风格的动物形象，有的是实用器具，有的可能是纯粹的艺术品。后期的陶塑则往往充满神秘感，或许与原始宗教有关联。中国史前陶塑的造型多以动物及动物的变形为主，以人或人体部分为造型的多见于黄河上游地区。再回过头来看看前面提到的黑陶鹰尊（图 9.5）。尊是盛酒器，这可能是最早的一件动物造型的陶器。器物造型是一只站立的雄鹰，鹰的两腿粗壮有力，尾巴下垂落地，形成稳定的三点支撑，设计非常巧妙。1993 年北京首次申办奥运会时，萨马兰奇主席亲自挑选七件能代表中国悠久历史和灿烂文化的文物，这件陶鹰尊就是其中之一。2008 年北京奥运会期间，这件陶鹰尊出现在首都博物馆举办的《中国记忆——5000 年文明瑰宝展》上。

图 9.14　旋纹尖底瓶，马家窑文化马家窑类型，甘肃省陇西吕家坪出土，甘肃省博物馆藏
这件旋纹尖底瓶的纹饰，以旋涡中心为点，施画多组由弧线组成涡纹。点、线、面搭配得当而有节奏，黑、白、灰层次鲜明，具有明朗、热烈、奔放的美感。

把彩陶艺术推向巅峰的是马家窑文化彩陶。马家窑文化因瑞典学者安特生 1924 年最初发现于甘肃省临洮县马家窑村而得名。一般认为马家窑文化是黄河中游仰韶文化庙底沟类型的进一步发展，属于新石器时代晚期文化，距今 5200—4000 年。虽然马家窑文化系由仰韶文化发展而来，但是已经由仰韶文化注重写实逐渐演变成为以几何纹为主的纹饰，具有美学意识的装饰作用明显增强了。尤其是早期的纹饰运用旋动的、多层次的、重复的线条，或交错盘旋，或来往反复，使人感到变幻莫测，回味无穷（图 9.14）。

甘肃省博物馆保存展出有大量的史前彩陶，尤其以仰韶文化和马家窑文化的彩陶最为突出，仅仅为这些彩陶，也值得去一趟甘肃省博物馆（图 9.15）。

这是一件非常神秘的器物——人形浮雕彩陶壶，出土于青海省乐都县柳湾村的一处原始社会晚期氏族公共墓地。壶的表面被捏塑出一个裸体双性人像。人体站立，头位于壶的颈部，五官俱全，身躯和四肢位于壶的腹部，双手置肚前，乳头用黑彩点绘，人像下腹夸张地塑造出男女两性生殖器。这是一个集男女为一体的两性人。壶的背面颈部绘有长发，发下绘出一只大蛙。这是一种男女同体的崇拜物。在萨满教信仰中，两性人往往是天和地的中介，具备沟通天地人神的能力。两性人背后的蛙有可能是象征萨满作法时的青蛙附体。这件器物的最珍贵之处在于神秘的捏塑图案对当时人们原始宗

图 9.15　甘肃省博物馆史前彩陶陈列。

图 9.16　人形浮雕彩陶壶，马家窑文化马厂类型（BC2350—BC2050），青海省乐都柳湾出土，国家博物馆藏。

教信仰的揭示。这件器物的用途也是一个谜。有学者认为，它可能是祭祀时候用的酒壶，或者是在举行巫术活动时用的驱邪法器（图 9.16）。

柳湾墓地是中国黄河上游迄今已知的规模最大、保存较好并经过科学发掘的一处原始氏族公共墓地。从马家窑文化半山类型至辛店文化大约经历了 1000 多年，出土各类陶器 30000 多件，为此在乐都县柳湾村专门建有一座彩陶博物馆，收藏陶器两万多件。人形浮雕彩陶壶现收藏在中国国家博物馆，柳湾彩陶博物馆里展出了一个复制品。2011 年我到这里参观的时候，研究人员满是自豪地、也不无遗憾地说："现在展厅里展出的 500 多件彩陶，除了这一件是复制品以外，其他都是原物。"我说："我看见过这件陶壶的原物。"那位研究员就更觉遗憾了："我还没有机会看到呢！"

再来看看黄河下游的大汶口文化和龙山文化的陶器。大汶口文化因 1959 年山东省泰安大汶口史前墓地的挖掘而得名，其年代距今约 6300—4400 年，与黄河中上游的仰韶文化相当或稍晚。陶器工艺水平比较高，出现轮制陶，有精美的薄胎、黑胎和白胎，开始制作专用酒器，也有彩陶，最精美的是白陶器，而且在大汶口文化的陶器上出现了刻画符号，可能是文字出现的前兆。

前面提到过一件大汶口文化的白陶鬶（图 9.4）。鬶，是史前东夷人创造的一种造型别致的三足炊煮器。这件陶鬶形制规整，造型美观大方。白陶的烧制温度比较高，所以质地坚硬，可以用来烧水或者炊煮食物，体现了制陶技术的进步。

文字的出现是进入文明社会的标志之一。在大汶口文化的陶器上，我们可以看到一种具有鲜明图示意义的符号，这种符号可能就是一种早期的图形文字。甚至有人肯定地说，这是一个“晨”字，是早晨的“晨”。因为早晨站在陵阳河谷眺望东山，就可以见到一轮红日从山顶的云层中喷薄而出，先民用这个符号记录了那一时刻。也有人认为这应该是一个“旦”字，不管怎么说，人们倾向于认为这是文字，而非简单的图画。远古的先民此时已经见到了文明的曙光（图 9.17）。

龙山文化的蛋壳黑陶值得特书一笔。这种陶器胎壁极薄的黑陶杯，仅见于龙山文化。龙山文化是黄河下游地区新石器时代晚期的一种文化，因 1928 年首次发现于山东省章丘市龙山镇而得名，其年代距今约 4500—4000 年。陶胎内不见任何杂质，其质地细密坚硬，几乎没有渗水率。杯壁厚度均匀，薄如蛋壳，最薄处仅为 0.2~0.3 毫米。蛋壳陶质地极为细腻坚硬，叩之有金属之声。有“黑如漆，亮如镜，薄如纸，硬如瓷”之美誉。在山东博物馆展出的 10 只蛋壳黑陶杯，成为整个史前文化展区的亮点（图 9.18、图 9.19）。

（a）

（b）

图 9.17　刻纹陶尊，大汶口文化（BC4300—BC2600），莒县陵阳河出土，山东博物馆藏。

图 9.18　蛋壳黑陶杯，龙山文化（BC2600—BC2000），山东日照东海峪遗址出土，山东博物馆藏。龙山文化的黑陶普遍使用快轮拉坯工艺，可以制出非常薄的陶坯，加之烧制温度高，可以制作器型精美的陶器。这种薄壁黑陶被称为“蛋壳黑陶”。这件陶杯的手柄处有一个空腔，里面装有陶珠，一来容易握持，二来摇动起来能够产生悦耳的声响。可见其匠心独运，代表了龙山文化制陶的最高水平。

图 9.19　黑陶展厅一角，山东博物馆。

龙山文化分布范围相当广泛，从命名地山东，上溯至黄河中游的河南、山西、陕西等区域。河南的龙山文化直接发展为夏商文明，这时候中华文明的曙光已经出现。

每当我站在那些古陶器面前，或者翻阅精美古陶器的图片的时候，我就想：爱美是人类的本能。远古的祖先在取水的陶盆上绘上舞蹈人物，或许是出于祭祀的需要，然而，画成什么样子却是审美能力的体现。那只猪面纹细颈彩陶壶上绘制的三联猪面纹，一定是古人艺术才华的展示。我们现在的审美情趣，究其实质应该与数千年前的祖先们大体相同，那些集中了祖先们朴素的审美观念的古陶器，今天的我们仍然认为它们很美。而且，今天的艺术虽然经历繁复和奢华，显露大美之态的仍然是那些朴实无华的艺术作品。

老财说 之 旅游与历史

历史是文化的传承和积累，它记录了人类文明发展的轨迹。中华文明在历史的长河中积累和沉淀了丰富的物态文化，这些摸得着、看得见的祖先们留下来的物质财富，是我们学习和理解中国历史的最直观的、最感性的材料。历史文化遗产所蕴含的丰富的历史和文化内涵，历史性、民族性和艺术性的特点，与旅游目的性的重合日益明显，成为重要的旅游资源。

旅游，从释义来看，就是“旅行”到另外的地理空间去“游览”。主流的观点把旅游定义为“人们离开惯常的居住地，到另外的地理空间去欣赏、体验和享受美好的事物的活动”。由此看来，旅游在根本上是一种以获得心理愉悦为目的的审美过程，其本质是文化活动。旅游资源主要包括两类，即人文景观和自然风光。人文景观是指历史形成的、与人们社会性活动有关的景物，它的物态形式就是各种历史遗迹和生产生活习俗。

美国通俗作家房龙说，历史是地理的第四维度，它赋予地理学时间与意义。可以这样理解，历史知识让旅游更有意义。即便是仅仅以离开惯常居住地的地理空间移动为目的的旅游，了解另外一个地理空间的历史，也能够增加旅游的意义与价值。同样，如果要学习历史，除了书籍知识以外，亲临历史事件的发生地，看看那些事件留下来的遗迹，能够让历史鲜活起来。

推荐参观：

推荐场馆	推荐说明	二维码
中国国家博物馆馆藏精品陶器	各个文化时期的陶器精品，多数是国宝级陶器。	
故宫陶瓷馆	各个时期的陶器比较齐全，明清瓷器数量居多，但史前陈器数量不多。	
河南博物院典藏精品陶器	仰韶文化彩陶器。	
山东博物馆陶器	大汶口和龙山文化的陶器。	
甘肃省博物馆藏品欣赏	仰韶文化和马家窑文化的彩陶，尤以马家窑文化彩陶为特色。	
陕西历史博物馆馆藏精品	仰韶文化陶器，以半坡类型为特色。	

推荐阅读：

王仁湘，贾笑冰．中国史前文化 [M]. 北京：商务印书馆，1998.

王力．中国古代文化常识 [M]. 北京：世界图书出版公司，2009.

李知宴．中国古代陶瓷 [M]. 北京：商务印书馆，1998.

[以色列] 尤瓦尔·赫拉利．人类简史 [M]. 林俊宏，译．北京：中信出版社，2015.

侯仁之．历史地理学的视野 [M]. 北京：生活·读书·新知三联书店，2009.

韩茂莉．中国历史地理十五讲 [M]. 北京：北京大学出版社，2015.

第十讲

吉金耀世

——商周青铜器欣赏

博物馆是了解一个地区自然和人文历史的最好场所，参观博物馆是旅游的一项重要内容。走进博物馆，尤其是通史展厅，各种器物琳琅满目，即使参观者拥有足够丰富的历史知识，那些种类庞杂的文物也容易让人一头雾水。针对一名非文博专业的普通参观者，简要勾勒出历史文物的脉络是必要的。在第九讲，我们介绍了史前文化，新石器时期的文物遗存以陶器和玉器为主，陶器中观赏性高的是彩陶器。商周时期的文物遗存主要是青铜器，夏、商、周三代甚至可以称为中国的青铜时代。这一讲我们就来介绍商周青铜器的欣赏。

青铜器上最早的“中国”

先来看一个青铜器的铭文。这是 1963 年出土于陕西省宝鸡市贾村镇的一件西周早期的青铜器“何尊”上的铭文。这段铭文全文 122 字，记述的是成王继承武王遗志，营建东都成周之事。大意是：成王五年四月，周王开始在成周营建都城……武王灭商后则告祭于天，以此地作为天下的中心，统治民众……铭文中出现“宅兹中国”一词，是已知使用“中国”一词最早的文字记载。自西周起直到近代之前，我们都以为自己是世界的中心，中原正统王朝统治的地域就称之为“中国”。

何尊的铭文具有重要的史料价值，它印证了《史记》《尚书》等史籍中关于周公辅佐周成王营建洛邑（都城洛阳）的记载。何尊本身造型凝重浑厚，纹饰严谨规整，扉棱雄健，是一件极其精美的器物。通过何尊，我们不仅能够了解周人的艺术审美和创造能力，还能了解周初的社会政治状况（图 10.1）。

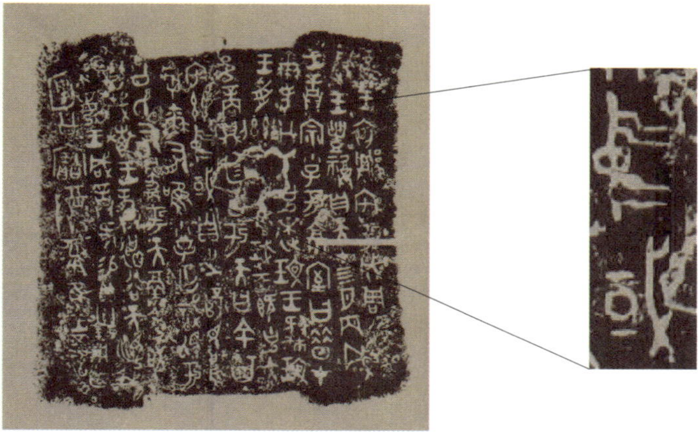

（a）

（b）

图 10.1 （a）何尊，铭文，西周早期，宝鸡青铜器博物院。铭文中“宅兹中国”一词，是已知使用“中国”一词最早的文字记载；（b）何尊，西周早期，宝鸡青铜器博物院。何尊造型凝重浑厚，纹饰严谨规整，扉棱雄健，是一件极其精美的器物。铭文铸于尊内底部。

关于何尊还有段传奇故事。1963 年 8 月，一场大雨把贾村陈家老屋后的土崖冲塌了，一件尘封了 3000 年的青铜器露了出来。1965 年，宝鸡市博物馆干部佟太放在市区玉泉废品收购站看到了这件被陈家人卖掉的青铜器。便以收购站当初购入的价格 30 元将这尊后来被定为国家一级文物的青铜器买回博物馆。经考古人员确认，这是一尊西周早期时的青铜酒器。这尊铜器成了宝鸡市博物馆 1958 年成立后收藏的第一件青铜器。我们后面介绍的青铜器中许多都有曲折的传奇故事。

什么是青铜器？

青铜，是铜和锡（或铅）的合金，是人类最早使用的金属。青铜文化是人类文明发展到一定阶段的产物。继新石器时代之后，人类开始使用铜合金制作金属工具，大约公元前 4000 年，古埃及进入了铜石并用的时代。我国青铜器大约出现在公元前 21 世纪，距今 4000 多年，经过商、周、春秋、战国的发展，大约持续了 1500 年。夏代晚期的二里头文化是目前考古发现中最早的青铜文化。商代早期和中期的青铜器是中国青铜器艺术趋于成熟的发展时期，以酒器为主的礼器体制初步建立，商代后期出现了大量气势恢宏、纹饰繁缛的成组的青铜器。青

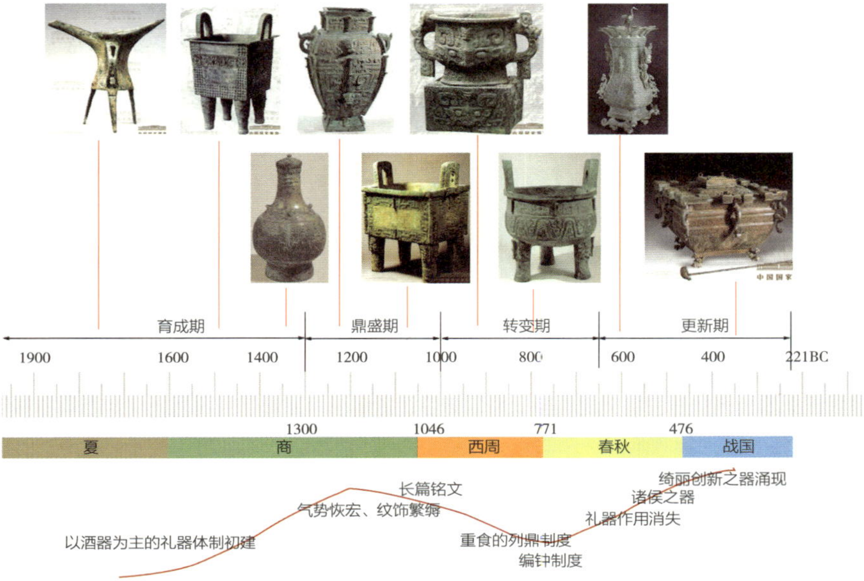

商周青铜器分期和器物

图 10.2　商周青铜器分期及典型器物表。

铜器上的纪事体铭文在商末出现，到了西周早期青铜器长篇铭文增多，铸记长篇铭文是西周青铜礼器的重要特点。可以说商代晚期至西周早期是青铜艺术辉煌灿烂的鼎盛时期。西周中晚期的青铜器形成重食的系统，列鼎制度、编钟制度和赐命作器之习已经形成。到了春秋时期，此时政治上出现王室衰弱，诸侯割据的局面，青铜器地域性特征凸显。至战国，青铜艺术的发展再次出现高潮。器物的生活实用性加强，礼器的功用逐渐消失。形制的创新，出现了许多谲奇精丽之器。失蜡法和印模块范拼合法的产生，使镶嵌工艺绚丽工巧。

根据上海博物馆马承源先生的观点，中国青铜器发展分为五期：育成期、鼎盛期、转变期、更新期和衰退期。其中，鼎盛期和更新期是我国青铜艺术的两次高峰（图 10.2）。

如何欣赏青铜器？

从造型艺术来看，青铜器属于工艺美术作品。如何欣赏商周青铜器呢？首先看青铜器的类型。商周青铜器大致可以分为酒器、食器、水器，这三类都是礼器，此外还有兵器、乐器和车马器等。所谓礼器，是贵族在举行祭祀、宴飨、征伐及丧葬等礼仪性活动中使用的器物。在所有青铜器中，礼器数量最多，大量使用礼器是中国青铜文化区别于其他文明的显著特征。到了春秋晚期，各个诸侯国不再遵循礼制使用青铜器，开始滥用青铜器，于是孔子悲号“礼崩乐坏”。酒器是最早出现的青铜礼器，在中国国家博物馆和上海博物馆，我们可以看到夏代二里头遗址出土的青铜器爵，这就是一种饮酒器。酒器的种类非常繁杂，常见的有爵、斝、尊、卣、壶等。青铜食器最常见的是鼎和簋，西周中期出现列鼎制度，规定周天子使用九鼎八簋，诸侯用七鼎六簋，大夫用五鼎四簋，等等。水器主要是匜和盘，行盥礼之用

（图 10.3）。有人会问：这不都是吃吃喝喝用的容器吗？这些礼器可不是寻常百姓家吃饭时候用的，这就是所谓“礼不下庶人”。

其次要看青铜器的纹饰。在青铜器上装饰纹饰，是商周人自然崇拜的反映，也是审美观念的体现。一种叫作饕餮的狰狞恐怖的动物可能最能反映商周人对自然的敬畏心理，这种动物纹饰也就构成了中国

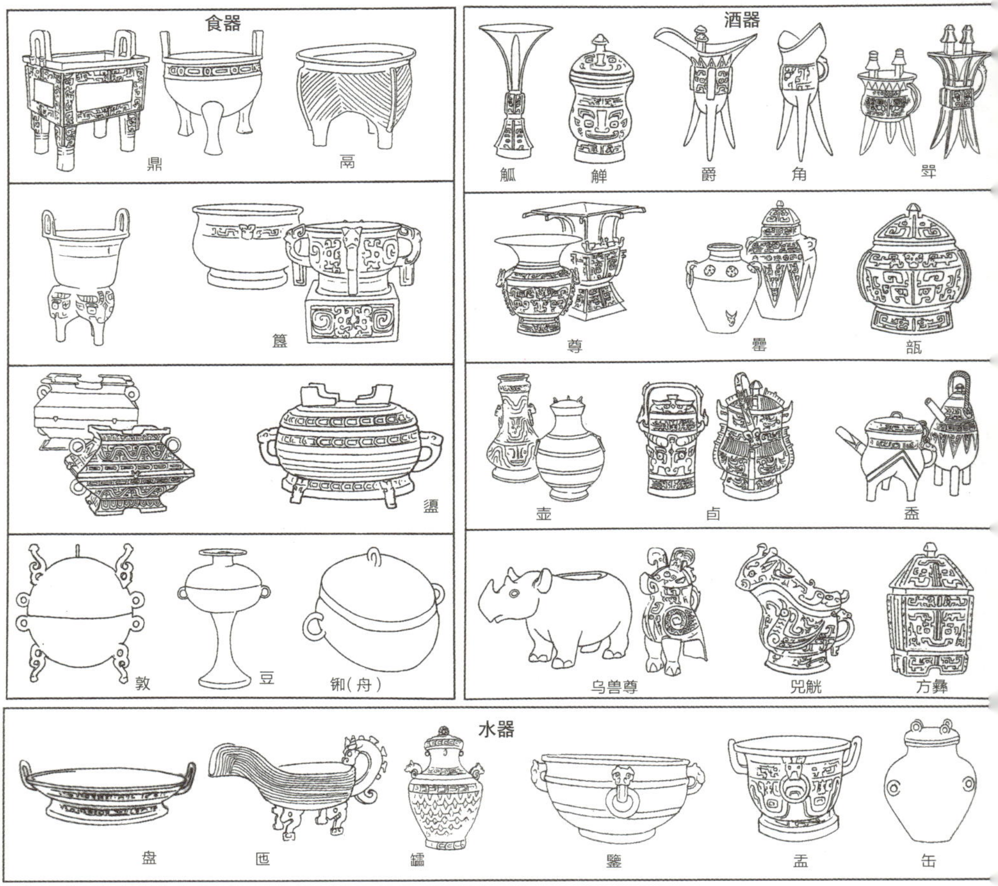

图 10.3　青铜器类型图。

古代青铜器纹饰的主体。李泽厚说，饕餮纹指向一种无限深渊的原始力量、具有神秘的力量和狞厉之美。商晚期和西周早期的青铜器造型雄浑古朴、庄重大方，常饰以兽面纹，西周首创凤鸟纹，这一时期青铜器的纹饰观赏性极强。西周中晚期纹饰简化，多见变形的动物纹和波曲纹，这个时期长篇铭文多见。春秋以后器型灵动多样，纹饰也变化无穷，后期以繁缛为美，多见蟠螭纹、蟠虺纹（图 10.4）。

（a）

图 10.4 （a）兽面纹，也称饕餮纹，是动物变形或者幻想的形象的头部正视图案。这种图案是商和西周早期青铜器的主要纹饰，并贯穿整个青铜时代；（b）常见青铜器纹饰。

（b）

最后欣赏铭文。青铜器上镌刻铭文是中国青铜器的又一个鲜明特征。商晚期的青铜器开始出现铭文，到了西周时期的青铜器多见长篇铭文，这些铭文记载了当时的战争、社会活动等内容，是重要的历史资料，甚至是对《尚书》的补充与订正。这些被称为金文的文字，既是文学作品，也是书法作品。所以，欣赏青铜器，是一种综合的审美，把我们带回到两三千年前的时光隧道。

了解了中国青铜器发展的大致脉络和特征，我们走进博物馆欣赏古代青铜器。中国古代最典型的、精美的青铜器大多保存在中国国家博物馆，上海博物馆是收藏青铜器最权威、最系统的博物馆，商代的青铜器在河南博物院和湖北省博物馆保存较多，宝鸡青铜器博物院收藏西周青铜器最多，湖北省博物馆、荆州博物馆、河北省博物馆、山西博物院收藏的战国青铜器都各有特点。当然，在各地博物馆也可能有意外惊喜，比如三星堆、江西省博物馆、云南省博物馆等。晚清至民国年间出土的青铜器还有不少流失到海外，所以海外的不少博物馆也能见到中国古代青铜器的身影。

鼎盛期青铜器（商晚期—西周早期）

按照马承源的观点，自盘庚迁殷到西周昭王这一段时期，也就是商晚期和西周早期是青铜器的鼎盛期，这一时期是青铜艺术发展的第一次高潮。商朝连绵600多年，以盘庚迁殷为界，可划分为商前期和商后期。盘庚迁殷后以安阳为都城长达270多年，殷墟遗址，特别是武丁时期的妇好墓出土了大量精美的青铜器。公元前1046年武王克商，经成、康至昭王，是西周早期。西周早期青铜器延续商晚期的器型特征，与商人不同的是周人喜欢在青铜器上铸铭文，铭文为分期断代提供了重要的证据，也是史籍的重要补充和订正。

先来看看大名鼎鼎的后母戊方鼎（图 10.5）。“后母戊”是商王武丁的一个妃子“妇姘”的庙号。这只大方鼎是子孙们敬献的祭祀器物。大鼎呈长方形，口长 112 厘米、口宽 79.2 厘米，壁厚 6 厘米，连耳高 133 厘米，重达 832.84 公斤，是迄今世界上出土最大、最重的青铜礼器，是名副其实的“镇国之宝”。

图 10.5 后母戊方鼎，商武丁时期，1939 年河南安阳武官村出土，中国国家博物馆藏。

关于这件大鼎的发现和流传还有一段曲折的故事。1939 年，安阳武官村的吴氏兄弟在殷墟探宝的时候发现了大鼎，挖出后埋藏于自家院中。此时，卢沟桥事变爆发已经快两年了，安阳已经被日本军占领。担心大鼎的消息走漏，落入日本人手中，吴氏兄弟打算找古董商迅速出手，由于鼎太大，需要分割后才能运走。吴家兄弟刚砸掉一只耳朵，就心疼起宝物来。于是又再次埋入地下。后来日本人果真得到了消息，几番前来搜寻，吴家兄弟用一件赝品搪塞躲过一劫。抗战结束后，吴家兄弟重新挖出大鼎上交政府。1948 年，大鼎在南京展出，轰动了整个南京城，蒋介石曾亲临参观。1949 年国民党撤往台湾时计划把大鼎运往台湾，但由于大鼎过于沉重，被遗弃在南京机场。后来，大鼎被运往 1959 年成立的中国历史博物馆，也就是中国国家博物馆的前身。

殷墟被誉为中国现代考古学的发祥地。从 1928 年起，董作宾、李济等人用现代考古学方法在殷墟进行了大规模田野发掘，一直持续到抗战爆发。他们发掘出土了大量的甲骨文、陶器、玉器和青铜器，证实了殷墟是商朝最后的都城。1976 年发现了未被盗墓扰动保存完好

图 10.6 “妇好”青铜鸮尊，商武丁时期，1976 年河南安阳殷墟妇好墓出土，中国国家博物馆藏。

的妇好墓，出土了大量的青铜器和玉器，印证了甲骨文记载的一些史实。直至今日，殷墟考古还不断有新的发现。

这件是“妇好”青铜鸮尊（图 10.6）。妇好死后的庙号为“后母辛”，是商王武丁的另一个妃子。武丁是商代晚期很有作为的商王，开创武丁盛世，他的妃子妇妌和妇好的陪葬等级都非常高。

尊的造型呈鸮鸟状，鸮鸟就是猫头鹰。鸮尊造型雄浑，纹饰精美。鸮鸟头部略扬，挺胸直立，两足粗壮有力、尾羽垂地行车第三个支点。鸮首后部有一呈半圆形的盖子，其上饰以立鸟及龙形钮。尊是盛酒器，有肩大口尊、觚形尊、鸟兽尊三类，鸮尊是最早的鸟兽形青铜尊。“妇好”青铜鸮尊共出土两件，分别收藏在中国国家博物馆和河南博物院。

妇好墓是殷墟唯一保存完整的商代王室墓葬，共出土青铜器共 468 件，其中带“妇好”铭文者 109 件。这些青铜器中有不少造型新颖别致的器物，如鸮尊、四足觥、三联甗、偶方彝等。妇好墓的考古发掘是新中国考古的骄傲，除了到河南博物院和中国国家博物馆参观外，妇好墓出土的文物还经常在各地博物馆巡回展览，见到它们的机会很多。

尊，是酒器，是用来盛放酒的容器。前面介绍的何尊（图 10.1）和后面将要介绍的四羊方尊都是用来盛酒的，当然都是礼器，是帝王们祭祀、宴飨时候使用的礼器，不是百姓们日常推杯换盏时候用的东西。

四羊方尊（图 10.7）是一件大名鼎鼎的物件，是中国现存商代青铜器中最大的方尊。四羊方尊被史学界称为“臻于极致的青铜典范”。专家们从两方面认为它珍贵无比：一是此尊造型简洁、优美雄奇，寓动于静。二是采用两次分铸技术，显示了高超的铸造水平。所谓两次分铸技术，就是第一次先把四只羊头单个铸好，然后将其分别放置在尊体的铸范内，进行整体浇铸成型。

“子龙鼎”（图 10.8）通高 1.03 米，重达 230 千克，是商代体积最大的圆鼎。此鼎造型雄伟，纹饰精细优美，是商代青铜器杰作。此鼎于 20 世纪 20 年代出土后流入日本，一直秘藏于私人收藏家手中。2004 年，日本人千石唯司在大阪举办私人收藏品展览，子龙鼎在展览

图 10.7　四羊方尊，商代晚期，1938 年湖南宁乡出土，中国国家博物馆藏。

图 10.8　子龙鼎，商末周初，20 世纪 20 年代出土于河南辉县，中国国家博物馆藏。

中首次露面。2005 年年底，子龙鼎流入香港，2006 年 4 月国家文物局利用专项经费征集回国，据说花了 4800 万元。

传说禹铸九鼎，鼎就是王权无上、国家统一的象征。商周两代铸造了大量的鼎，其中不少后世发现被列为国之重宝的鼎。比如，后母戊方鼎、大盂鼎、大克鼎、子龙鼎、毛公鼎等。

鼎，其实就是煮东西的大锅，但不是普通百姓用来烧饭的锅，而是礼器，是贵族在举行祭祀、宴飨、征伐及丧葬等礼仪性活动中蒸煮牺牲用的。西周中晚期，列鼎制度成熟，鼎是身份地位的象征。鼎还是艺术的载体。李泽厚认为，中国青铜器以鼎为核心代表，器制沉雄厚实，纹饰狞厉神秘，刻镂深重凸出，是我国青铜艺术成熟期最具审美价值的青铜艺术品。

利簋是另一件国之重器，其铭文记载了武王伐纣这一重大历史事件，印证了《尚书·牧誓》中所记载的“时甲子日昧爽，王至于商郊牧野”史实。有学者根据铭文中“甲子日清晨武王伐纣”这一记载，再根据天文学知识，推断武王伐纣的“牧野之战”发生在公元前

（a）

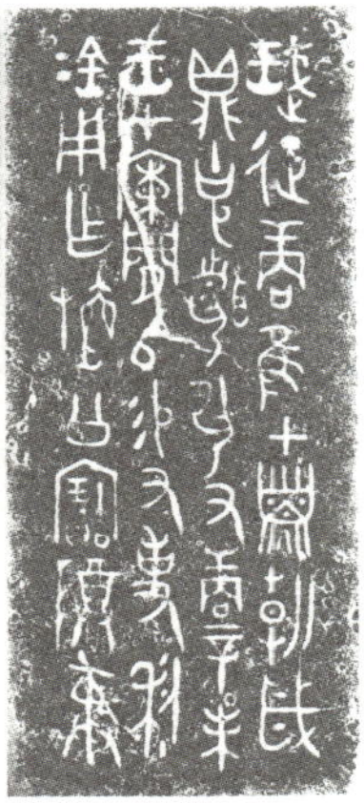

（b）

图 10.9（a）利簋；（b）利簋铭文，西周早期，1976 年陕西临潼县零口镇出土，中国国家博物馆藏。

1046年。作器者名“利”，他随武王参加战争，胜利后受到奖赏，铸造这件铜器以记功并用来祭奠祖先。

如果说鼎是煮饭的锅，那么，簋就是盛饭的盆。跟鼎一样，簋也是礼器。西周列鼎制度形成后，鼎和簋配合使用。比如天子用九鼎八簋，诸侯用七鼎六簋。跟鼎一样，簋也是商周的器物，如今的人们在提及餐饮的时候偶尔还会使用这个词儿，比如北京东直门有一条簋街，短短近千米的街道上聚拢着一百多家餐馆，已经成为北京饮食文化的代表和时尚餐饮的标志，五湖四海的游客到了北京，都会到簋街大快朵颐一番。

山西省石楼县桃花者村推测是商代晚期的方国遗址。所谓方国，是殷商时期拥戴商王朝为天下共主的地方部落国家，殷商时期这类方国数量很多。图10.10所示这件龙形觥独特的造型与花纹装饰，与同时期典型的中原文化风格有明显区别。器型像一只龙舟，前端龙首昂翘，背部为弧形长盖，盖面为逶迤的龙身，与器物前端的龙头相衔接，在器身的两侧发现饰有鼍（tuó）纹和夔龙纹。鼍，就是扬子鳄，青铜器上出现鳄鱼纹饰，此为孤例。

觥，是盛酒器。成语“觥筹交错”现代人还在使用。

1927年，军阀党毓琨在宝鸡戴家湾一带明目张胆地盗掘青铜器，发掘青铜器1000余件，散落国外有踪迹可循的就有32件，而且都是精品，国内博物馆收藏仅有11件。这是戴家湾盗掘青铜器流失到国外博物馆中的两件青铜

图10.10 龙形觥，商晚期，山西博物院。

（a）（b）

图 10.11 （a）（b）凤鸟纹青铜卣（一对），西周早期，1927 年宝鸡戴家湾出土，美国弗利尔美术馆藏（左），美国波士顿美术馆藏（右）。

卣（图 10.11），分别藏于美国弗利尔美术馆和波士顿美术馆藏。这两件器物是一对，造型一致，大小容量比为 3∶2，为配对使用。器物造型华丽、夸张，提梁两端有龙首，盖出两角，角端饰牛首纹，器身出四角，角端饰牛首纹。器身腹部饰直棱纹和大凤鸟纹。

凤鸟纹是周人特有纹饰，周人崇尚凤鸟，认为它的形象和叫声是吉祥的象征，有“周之将兴，凤鸣岐山”之传说。这两件卣是周人的典型青铜器，除了凤鸟纹外，华丽的风格与商的厚重也有所不同。

卣，是酒器，是专门用来盛放一种叫作秬鬯（音巨唱）的香酒，商周时期的人们多么会享乐啊。与鼎、簋等食器不同，青铜酒器的式样更加丰富多彩，不仅类型多（图 10.3），尊、觥、斝、觚、爵、彝、卣、壶等等，而且各种酒器的造型异彩纷呈，比如仿动物的（图 10.6 鸮尊、图 10.10 龙形觥）、装饰动物的（图 10.7 四羊方尊）、出动物角的（图 10.11 凤鸟纹青铜卣）等等，反映了商周人独特的审美、丰富的想象力和高超艺术创作力。这也是我们现代人欣赏商周青铜器的意义所在。

转变期青铜器（西周中晚期—春秋早期）

西周中期的周穆王和周共王时期，青铜器变化尤为明显。形成重食的体系，鼎和簋都丰富起来，列鼎制度、编钟制度和赐命作器制度已经形成。纹饰删繁就简，变形是纹饰的焦点。多见长篇铭文的重器。春秋早期延续了西周中晚期的形制和纹饰特征。存世的西周中晚期青铜器主要来自宝鸡扶风、岐山（这一带是周原的核心区域）等地的窖藏。早年出土的分藏在世界各地的博物馆，晚近发现的大部分保存在宝鸡市青铜器博物院。

晚清光绪十六年在陕西扶风县法门镇曾经发现了一处窖藏，共出土了1200多件青铜器。出土了大克鼎和一套7件小克鼎，一套6枚编钟（克钟），另有盨二件，镈一件。所谓窖藏，就是前人有意埋葬在地下的文物，而不是随墓葬考古而出土的。

大克鼎形体巨大，高93.1厘米，重201.5千克。造型雄浑，口沿饰兽面纹，腹部饰流畅的波曲纹。腹内壁有铭文290字，铭文内容主要叙述克依凭先祖功绩，受到周王的策命和大量土地、奴隶的赏赐（图10.12）。

图10.12 大克鼎，西周中晚期，清光绪十六年（1890）陕西扶风法门镇任村出土，上海博物馆藏。

这件宝鼎有一段曲折的流转故事。这件周孝王时期的器物光绪年间出土，时任陕甘总督左宗棠获得宝鼎后，转赠金石收藏家潘祖荫，晚清另外一位金石收藏家端方也曾想收藏此鼎，但未得逞。抗战时期，潘家把宝鼎深埋地下躲过一劫，新中国成立后潘家后人把大克鼎、大盂鼎等国宝献给国家。

迄今出土的商周青铜器有数万件之多，带有铭文的有 7000 多件，毛公鼎上刻的铭文有 32 行 499 字，是商周青铜器中铭文最多的器物（图 10.13）。铭文大意是：周宣王即位之初，亟思振兴朝政，乃请叔父毛公为其治理国家内外的大小政务，并饬勤公无私，又令毛公族人担任禁卫军，保护王室，最后颁赠厚赐，毛公因而铸鼎传示子孙永宝。其铭文是一篇西周真实史料，是研究西周史最珍贵的文献之一。毛公鼎是当之无愧的国之瑰宝，与散氏盘、大盂鼎、虢季子白盘并称为晚清四大国宝。

毛公鼎于清代道光二十三年（1843 年）被陕西岐山县董家村村民董春生在村西地里挖出来后，经苏亿年、陈介祺等大古董商人转手，到清末金石学家端方手中。端方镇压四川保路运动被杀后，家道中

（a）

（b）

图 10.13 （a）毛公鼎；（b）毛公鼎铭文，西周晚期，清道光二十三年（1843 年）陕西岐山出土，中国台北故宫博物院藏。

落，其后人将毛公鼎典押给天津俄国人开办的华俄道盛银行。后来辗转至大收藏家叶恭绰手中，最终于1946年归于国民政府，1948年被运往台湾。

图 10.14 虢季子白盘，西周晚期，道光年间陕西省宝鸡市出土，中国国家博物馆藏。

盘是盛水器。作器者虢季子白是周宣王时的朝廷大臣。此铜盘内底铸有110字铭文，记述了这样一件史实：虢季子白率军对玁狁作战，斩敌首500个，俘虏50人，战后在周庙宣榭向周王献馘，受到周王宴飨，周王赏赐他车马、弓矢和斧钺。虢季子白盘是商周时代青铜器中最大的铜盘，是西周著名的重器，铭文通篇用韵，是一篇很好的韵文。此盘长137.2厘米，宽86.5厘米，重215.3千克，是商周时代青铜器中最大的铜盘（图10.14）。

虢季子白盘于道光年间出土于陕西省宝鸡市的虢川司，为时任眉县县令徐燮所得，徐卸任返籍时将虢盘带回了常州。清同治三年（1864年），时任直隶提督的淮军将领刘铭传，随李鸿章镇压太平军。拿下了常州城后，刘铭传就住进了护王府内。一天夜里，刘铭传正在灯下读书，万籁俱寂当中传来悦耳的金属叩击之声，声音不大但极有穿透力。刘顿生好奇之心，当下秉烛往寻。转到屋后见有马厩，声音即由此传出。仔细审视，发现是马笼头上的铁环碰撞马槽所发出的声响。刘铭传命马夫将马槽刷洗干净，竟是青铜所造，其外壁四边各有两个兽首衔环，整个外壁纹饰优雅。刘铭传得到虢季子白盘，却给他一家四代带了极大的麻烦。军阀，日寇、国民党官吏纷纷索取。刘家人不得不把盘深埋于地下，举家出逃。直至新中国成立，刘铭传第四代孙刘肃曾才将盘挖出，献给国家。

更新期青铜器（春秋中期—战国晚期）

周平王东迁洛邑，历史进入了一个动荡的时期，即东周。东周又分为春秋和战国两个阶段，所谓“春秋战国乱悠悠”就是这个历史时期了。

春秋中晚期是列国青铜器的兴盛期，地区特点明显地显示出来。此期间，青铜工艺从内容到形式都发生了巨大的变化，原王室作器变为各诸侯自铸的器，诸侯国青铜器占据当时青铜器的主要地位；原来的“礼器”变为了士大夫阶级生产享用的器，青铜器的制造加强了实用性。在纹饰上，商、周以来的兽面纹、夔龙纹等纹样，变为华丽的、富有生活气息的图案；在造型上，由庄严厚重变为轻巧多样。失蜡法在春秋后期出现。纹饰凸显龙纹的地位，蟠龙纹、蟠螭纹、蟠虺纹盛行。青铜艺术的发展又一次迎来高潮。

壶是酒器。莲鹤方壶出土于新郑郑公大墓，此墓共出土了完整的青铜器近百件，专家推测墓主人可能是郑国国君子婴。莲鹤方壶同时出土有两件，另一件藏于北京故宫博物院。

莲鹤方壶结构复杂、铸造精美，通体纹饰，又有多种附加装饰，反映了春秋时期青铜器艺术审美观念的重要变化，礼器性质消失，装饰艺术性增强。壶盖呈双层莲花瓣的形状，上面有一只仙鹤站在花瓣中央。壶身饰蟠龙纹，四角各有一只神兽，替代扉棱。双耳为顾首伏龙，圈足下有两条鳞纹卷尾神兽（图 10.15）。

我曾经遇到过一个有趣的问题：春秋战国时青铜器失去了礼器的作用，那么人们拿什么做礼器呢？“礼崩乐坏”就是说春秋战国时期的诸侯士大夫们已经不遵周礼了。子曰：“甚矣吾衰也！久矣吾不复梦见周公。”（语出《论语·述而》篇）孔子梦想的“周礼安邦”的时代已经结束了。

图 10.15 （a）莲鹤方壶，春秋中期，1923 年河南新郑李家楼郑公大墓出土，河南博物院藏；（b） 莲鹤方壶（壶盖及立鹤），春秋中期，1923 年河南新郑李家楼郑公大墓出土，河南博物院藏。

图 10.16 所示的铜鉴缶是古代用以冰酒的器具。它由内外两件器物构成；外部为鉴，鉴内置一尊缶。鉴与尊缶之间有较大的空隙，夏天可以放入冰块，尊缶内盛酒。鉴和尊缶均饰以变形蟠螭纹、勾连纹和蕉叶纹。湖北随州擂鼓墩的曾侯乙墓是一座战国早期的诸侯墓葬，墓中出土了大量精美的青铜器，包括著名的曾侯乙编钟、青铜尊缶等，出土的青铜器总重量达 10 吨之多。铜鉴缶出土 2 件，另一件在国家博物馆。2008 年北京奥运会开幕式上所设计的缶阵造型，其设计创意来源于铜鉴缶，不过古人击缶而歌的“缶”应该是陶罐，而不是青铜器。

编钟，是乐器，在祭祀、宴飨时奏乐，也是礼器。曾侯乙墓出土的编钟，是迄今发现的商周时期规模最大的编钟，由 65 件青铜编钟组成，其音域跨 5 个半八度，只比现代钢琴少一个八度，12 个半

图 10.16　铜鉴缶，战国，1978 年湖北随州曾侯乙墓出土，湖北省博物馆藏。

音齐备。它高超的铸造技术和良好的音乐性能，改写了世界音乐史。这套编钟至今仍能演奏乐曲。1984 年，为庆祝新中国成立 35 周年，在北京中南海怀仁堂，这套编钟奏响了中国古曲《春江花月夜》和创作曲目《楚殇》以及《欢乐颂》等中外名曲（图 10.17）。

图 10.17　曾侯乙编钟，战国，1978 年湖北随州曾侯乙墓出土，湖北省博物馆藏。

华夏族以外的青铜器

中国幅员辽阔，民族众多，在华夏族以外的少数民族地区也发现不少与商周青铜器风格不同却又相互联系的青铜器。

任何一个古老文明都有其神秘的一面，未解之谜构成了古老文明最具魅力的一个要素。在四川广汉三星堆出土的青铜面具和立人显示出与中原地区商代青铜器完全不同的风貌。遗址的年代相当于中原地区的商代，1986 年发掘的两座祭祀坑出土了 1000 余件青铜、金器和玉器。

在出土的四百件青铜器中有几十件青铜面具（图 10.18），眼睛部位柱状突出是它的鲜明特征。有专家推测，这可能就是古书中记载的“蚕丛纵目”，是古蜀人。

对三星堆的研究已经持续了几十年，至今仍有许多未解之谜，比如三星堆文化从何而来？他们属于哪个民族？从哪里来？如何消失的？

1989 年，在江西省新干县大洋洲镇发现一座尘封 3000 年的艺术宝库，一个失落已久且神秘玄幻的青铜王国浮现出来。一般认为，江西在汉代以前是荒蛮之地。这批青铜器的出现，说明早在 3000 年前，这里就与中原商王朝有千丝万缕的联系。

这件青铜鼎的三只扁足均为抽象虎形，双耳上面各卧一虎（图 10.19）。有专家认为新干大洋洲遗存应该是商代方国“虎方”的物证。新干大洋洲文物出现各种造型的虎有 56 只之多，似乎证实了这种观点。

云南出土的青铜器具有浓厚的地方色彩，这件牛虎铜案是典型的古滇国的青铜器，是一件想象力丰富、创造力突出、造型奇特的青铜器（图 10.20）。器物表现的是一只猛虎抓咬住母牛的尾部，母牛的腹部下有一只神态安逸的小牛，造型非常生动、写实。案又称“俎”，是中国古代放置肉祭品的礼器。牛虎案就是用来放献祭牛牲的，是古代祭祀中最重要的献祭。

图 10.18 | 图 10.19
图 10.20

图 10.18　青铜面具，商，1986 年广汉三星堆遗址出土，广汉三星堆遗址博物馆藏。
图 10.19　目雷纹虎耳扁形虎足青铜鼎，商代，1989 年江西省新干县大洋洲出土，江西省博物馆藏。
图 10.20　牛虎铜案，战国，云南江川县李家山出土，云南省博物馆藏。

老财说 之 博物馆与旅游

博物馆是一个民族所创造的物质财富的积累和沉淀，参观博物馆是了解一个民族、一个地区历史文化最好的途径。博物馆是人类文明的标尺，是可以触摸的历史。博物馆是收藏、陈列、研究和传播知识的文化设施。参观博物馆是增长知识的精神活动。博物馆是连接人与物的完美场所，是穿越时空的美妙体验。虽然参观博物馆是旅游的一项重要内容，但是，这项旅游内容更注重看，而不是游。呼朋唤友、嘻嘻哈哈地走马观花不是参观博物馆的理想方式。

有一次参观北京法海寺明代壁画一位资深讲解员说过这样一句话：你懂得越多，看到的就越多。还有一次参观长治法兴寺，文管所长对我提出的颇具专业性的问题感到意外，也为遇到一个真正的文物爱好者感到兴奋，就一直陪着我给我讲解一些特别细微之处，那是他二十几年研究的发现，毫无保留地讲给一个素昧平生的参观者。我的经历说明，参观博物馆需要一定的知识储备，知识储备越多，参观获得的知识增长也越多，所以参观博物馆是一个“知识储备→参观学习→增长知识”的循环。

值得一提的是获取和增长知识的方式正在发生悄然的变化。一次参观山东省博物馆，展厅内有大屏幕电视在播放与考古展览有关的内容，利用多媒体全方位展示文物与考古是新世纪博物馆的一个独特优势。参观者以孩子居多，虽然播出的内容也未必懂多少，但是显然屏幕的吸引力高于实物展品。屏幕越来越成为信息传播的主要方式，尤其是对于孩子们来说。

进入新世纪以来，各地的博物馆建设进入一个新高潮，省级以上的博物馆几乎都进行了更新和扩建，这些新建的博物馆大都建筑宏大壮观、设施先进、环境优雅，展览和陈列的水平也在逐步提升。在这样的良好环境当中进行一次精神之旅，何其美哉。还有一点也很有吸引力，政府管理的博物馆大都免费开放。

推荐参观：

推荐场馆	二维码	推荐场馆	二维码
上海博物馆典藏金石		中国国家博物馆馆藏精品铜器	
宝鸡青铜器博物院典藏珍品青铜器		河南博物院典藏精品青铜器	
湖北省博物馆典藏青铜器		陕西历史博物馆馆藏精品	
荆州博物馆藏品青铜器		北京保利艺术博物馆常设展览中国古代青铜艺术精品	
江西省博物馆收藏青铜器		广汉三星堆遗址博物馆三星堆文物青铜器	

推荐阅读：

中国国家博物馆．文物夏商周史 [M]. 北京：中华书局，2009.
马承源．中国古代青铜器 [M]. 上海：上海人民出版社，2008.
李先登．商周青铜文化 [M]. 北京：商务印书馆，1998.

张光直 . 中国青铜时代 [M]. 北京：生活 · 读书 · 新知三联书店，2013.
故宫博物院 . 故宫青铜器 [M]. 北京：紫禁城出版社，1999.
李泽厚 . 美的历程 [M]. 北京：生活 · 读书 · 新知三联书店，2009.

视频资料：

推荐资料	推荐说明	二维码
《国宝档案》纪录片	第一次以电视栏目的形式，为国宝级文物重器进行揭秘建档，是集权威性、故事性、观赏性于一体的品牌节目。	

第十二讲

大汉雄风

——博物馆里的汉代美术史

闲读古希腊、古罗马艺术史的书，总联想到彼时我国汉代的艺术是什么样的？赶忙翻阅手头上的几本关于中国美术史的书，发现它们对汉代艺术的描述总是寥寥几笔。公元前 202 年，刘邦在“垓下之战”中击败项羽赢得楚汉战争后，建立汉王朝，奠定了四百年的基业，成为当时世界上最发达的王朝，与大约同时期欧洲的罗马帝国并列为当时世界上最先进的文明及强大帝国。关于古罗马艺术史的书籍可谓汗牛充栋，可是关于汉代艺术史的专门书籍，却非常罕见，在综合的艺术史书籍当中，关于汉代美术的介绍也是篇幅少得可怜。

在翻阅《大英博物馆世界简史》的时候，我忽然萌生了一个想法：把我这些年参观过的博物馆中所见过的汉代美术作品归纳梳理一下。于是搜肠刮肚地回想我在各地博物馆中参观过的汉代美术作品，还真想起了不少。把这些东西归纳到一起，大致有了一个汉代美术史的基本框架，姑且称之为“博物馆里的汉代美术史”吧。

汉代上承三代之盛，下启六朝之端，是中国历史上重要的时代。汉王朝四百年国祚，几经起伏波折，又几度中兴，经历文景之治、武帝盛世、光武中兴、明章之治等几个有利于经济社会发展的稳定期，这些稳定时期都是科技、文化、艺术蓬勃发展的大好时机。

汉代美术可兹欣赏和研究的器物颇为丰富，有建筑、雕塑、绘画、书法和手工艺品等众多品类，说汉代是中国美术之肇始也不为过。本书以非美术专业的旅游爱好者为受众，概括地勾勒出汉代美术史的大致情况：汉代的建筑遗存很少，大概有 20 多座汉阙和一些建筑构件，但我们可从画像石或壁画上一睹汉代建筑的风采；汉代雕塑有为数不多的石雕、丰富多姿的陶俑以及少量的木俑；绘画作品有几件罕见的帛画和四十余座墓室壁画，大量的画像石和画像砖是汉代美术最丰富的遗存；书法则有数十通汉碑和若干汉简；手工艺品较之前朝遗存较多。

除去汉阙和零散的建筑构件外，汉代美术品大都是墓葬出土的，几乎全都收藏在各地的博物馆。陕西、河南、四川、山东、江苏徐州等地的博物馆，比较集中地收藏了一些汉代的出土文物。

汉代美术的风格

我们先来看一块汉代的画像石（图 11.1）。画像石是汉代墓室内雕刻有图画的砌石，这块汉画像石上的图画讲述了一个传奇故事。第十讲介绍青铜器的时候提到禹铸九鼎，九鼎就成了王权的象征，夏商周三代权力易主九鼎随迁。到了春秋时期，周王室的势力日渐衰落，诸侯群雄并起，楚庄王曾向周天子询问鼎的大小轻重，觊觎王权的野心昭然若揭。后人用“问鼎”“问鼎中原”表示夺取王权。到了战国时期，周王室更加衰微，九鼎不知何时下落不明。秦始皇统一中原之后，曾经寻找九鼎的下落，据说九鼎沉没于泗水彭城之下了。秦始皇东巡路过泗水时，果然找到一鼎，便派人下水捞鼎，即将要把鼎打捞上来时，鼎内一龙伸出头一口咬断了系鼎的绳索，鼎又沉入水中，以后再也没有找到。这块汉画像石下层画面描绘的就是《泗水升鼎》的故事。

图 11.1 所示的画像石刻有上、下两层画面，上层刻画的内容是人物拜谒，表现的是墓主人的日常生活，下层是《泗水升鼎图》，是历史故事的题材。《泗水升鼎图》描绘了龙从鼎中伸出头咬断绳索的瞬间，画面上方刻一个辘轳，旁边有一人在指挥，两侧众人奋力拉绳索，下方龙张牙舞爪，鼎已倾斜，创作者恐嫌紧张程度不足，在左右上方两角分别刻画弯弓射雁和人物揖拜。揖拜二人虽然没有表情细节，但是从其体态我们能够感受到二人的紧张情绪，似乎焦急地祈祷

图 11.1 汉画像石，东汉，滕州市汉画像石博物馆藏。

鼎能够顺利捞取上来。以一斑窥全豹，从这块画像石，我们可以大致领略汉代美术的基本特征。其一，汉代美术多以日常生活、历史故事以及神话传说为题；其二，汉代美术的基本风格是夸张的浪漫主义；其三，艺术表现手法古拙、简约、灵动。

汉代建筑

高祖刘邦入主长安之后，大规模修建宫殿园林，包括著名的长乐、未央二宫和上林苑、柏梁台等园林。由于中国古建筑的木结构特点，这些宏伟的建筑早已经灰飞烟灭了。我们只能从留存的构件或者画像石上寻觅汉朝往昔的辉煌了。

图 11.2 是墓室出土的画像砖，画面描绘的宅院是汉代官绅住宅

的一个缩影，厢房环列作墙，把院子分成东西两部分，西边三进：大门、过厅和正堂，东边前院是厨房和井园，后边是花园和望楼。这样的格局至今在北京的四合院还能见到踪影。

图 11.3 是西安汉长安城出土的瓦当。瓦当是覆盖建筑檐头筒瓦前端的遮挡，起着保护木制飞檐和美化屋面轮廓的作用。虽然不能确定它就是长乐、未央二宫上的瓦当，但“长乐未央”体现了希望永远昌盛的美好愿望。

汉阙是我们今天仍然能够看到的汉代建筑。阙是中国古代特有的建筑设施，是汉代宫殿、祠庙和陵墓前一种表示尊严的装饰性建筑。嘉祥武氏祠，是东汉晚期官绅武氏家族墓地上的石砌祠堂，以布满精美石刻画像而闻名于世。图 11.4 是武氏墓地神道上一对石阙。

三国时期的曹植有诗歌咏汉阙：阊阖启丹扉，双阙曜朱光（出自《五游咏》）。到了唐代，李白就只能凭吊汉阙了：西风残照，汉家陵阙（出自《忆秦娥》）。有资料显示，目前中国现存汉阙 20 多座，四川所存最多。

图 11.2 画像砖，东汉，成都扬子山出土，中国国家博物馆藏。

图 11.3 “长乐未央”瓦当，汉，西安长安城遗址出土，西安博物院藏。

图 11.4　嘉祥武氏祠汉阙，东汉，山东嘉祥。

汉代雕塑

李泽厚说：气势、运动和力量构成了汉代艺术的美学风格。最能表现汉代人浪漫情怀的艺术莫过于雕塑了，这些雕塑作品也是各个博物馆中汉代文物的最主要品类。流传至今的汉代雕塑作品，从材质来看，主要有石雕、陶塑、木雕和玉雕。雕刻题材主要表现世俗生活和历史故事。表现手法则呈现拙朴、简约、夸张、豪放的艺术特点。

汉代雕塑艺术的成就突出地表现在大型石刻作品上。雕塑艺术是人的精神面貌的写照，雄伟恢宏、朴拙豪迈的大型石雕反映了汉朝人积极向上的精神风貌。

在陕西省兴平县汉骠骑将军霍去病墓前有一组大型汉代石刻，共保存下来马踏匈奴、卧马、跃马、卧虎、石鱼等 14 件石雕，是汉代早期的重要雕刻作品。“马踏匈奴”（图 11.5）是霍去病墓前的石雕群中的一件。石雕用整石雕成，长度约 2 米，雕塑表现的是战马将匈奴踏翻在地的情景，造型简约、拙朴，虽然没有太多的细节刻画，但是，马的雄健却得到了完美的表现。官兵反击匈奴侵扰所获得胜利被夸张地表现出来。

图 11.5 “马踏匈奴”石雕，西汉，现存陕西兴平霍去病墓。

河北望都汉墓出土的汉代石雕，表现的是一个喜笑颜开的人骑在马上，左手提着酒壶，右手拎着两条鱼，姑且叫作“沽酒卖鱼”图（图 11.6）。这样一个世俗的场景，被汉朝的艺术家捕捉刻画下来。这是东汉时期的作品，人物和马的表情都生动而夸张，马腹、马腿与基座之间已作镂空处理，既减轻了雕塑的重量，也有利于表现马的动感，显示圆雕技艺已趋成熟。通过这件作品，我们了解到那时候的人们很富足，有鱼、有酒、有高头大马。我们能够感受到那时候人们很幸福，看看骑马人的表情就知道了。

在西安碑林博物馆有一对东汉的石雕神兽（图 11.7），是陵墓神道两旁的石兽，象征着墓主人生前的威仪。在陵墓前修神道、设立墓表、石兽的做法始于西汉，最早的实例就是霍去病墓前的神道石兽。后人延续了墓前设置神兽的做法，而且慢慢地有了名称，叫作天禄和辟邪，祈求永绥百禄、祛恶除邪。碑林的这对走兽用整块青石雕琢而成，体形硕大，刚劲雄健、浑厚朴实、生动洗练、动感十足。而且保存完好，是东汉石雕的精品之作。

图 11.6　骑马石俑，东汉，1955 年河北望都汉墓出土，中国国家博物馆藏。

图 11.7　走兽，东汉，1960 年咸阳市国棉二厂工地出土，西安碑林博物馆藏。

再看一件有趣的石雕作品——双人拥吻像（图 11.8）。这件石雕用高浮雕的技法雕刻男女二人相拥接吻，虽然没有太多细节刻画，但是人物动作准确、神态安详，既简约又生动。这件作品出土自四川的一处崖墓，应该是墓主人生活的写照，也反映了当时开放的社会风尚。更有趣的是，2015 年故宫雕塑馆开放，这件作品首次亮相于公众面前，媒体竞相鼓吹所谓“天下第一吻”，却无一家媒体披露画面，也多少反映了当今社会对于男欢女爱欲言还休的态度。

相比石雕，汉代的陶塑作品存世更加丰富，它们主要出土自两汉的贵族墓葬，包括三座汉代兵马俑陪葬坑。

图 11.8　石雕双人拥吻像，东汉，四川彭山县寨子山出土，北京故宫博物院藏。

在我国已发现的 4 座兵马俑陪葬坑当中，除了秦始皇兵马俑外，其余 3 座都是西汉的帝王墓葬。陕西杨家湾汉墓，共发现 11 座兵马俑坑，出土兵马俑 3000 件，推测墓主人是汉初大将军周勃、周亚夫父子。杨家湾汉墓兵马俑在国家博物馆、陕西历史博物馆和咸阳市博物馆分别有展出。1984 年在徐州狮子山汉墓发现的汉兵马俑坑，出土了 4000 多件兵马俑。墓主人后来确定为第三代楚王刘戊。刘戊因参与“七王之乱”于景帝前元三年（公元前 154 年）自杀身亡，与周勃、周亚夫父子生活在同一时期，兵马俑的艺术形式与杨家湾兵马俑基本一致，通过简约豪放的造型体现动感和气势，表现手法充满浪漫气息（图 11.9）。汉兵马俑在继承了秦俑风格的基础上加以发展，由写实转变为写意，它不注重人物线条的比例是否准确，而侧重于表现人物的内心世界和精神风貌。

1990 年在陕西咸阳发现了汉景帝阳陵兵马俑陪葬坑。由于是帝陵的陪葬兵马俑，与诸侯王的兵马俑形式有所不同。汉阳陵出土的陶俑多是没有胳膊的裸体陶俑，推测俑人当初是安装木质胳膊并穿着衣服的。俑人大小在 50~60 厘米，能够区分男女，推测男俑是武士，女俑则是侍女，当初穿着衣服的时候应该有很严格的等级区分。狮子山汉兵马俑和汉阳陵都在原址建有博物馆。

李泽厚说："气势与古拙是汉代艺术的基本美学风貌。这种风貌是通过力量、运动和速度来表现的。"徐州驮篮山汉楚王墓出土的长袖舞蹈俑可能最能证明李泽厚的观点了。这些舞蹈陶俑没有细节，没有装饰，只有高度夸张的舞姿和飘舞的长袖，动感十足，气势充沛，体现单纯简洁的整体形象（图 11.10）。

图 11.9　兵马俑，西汉，1984 年在徐州狮子山汉墓发掘，徐州狮子山汉墓博物馆。

图 11.10　乐舞俑，西汉，徐州驮篮山汉楚王墓出土，徐州市博物馆藏。

图 11.11 所示是著名的击鼓说唱陶俑，大多中国美术史的书籍中都会提到它。俑人头戴巾帻，袒胸露腹，左臂抱着一个扁鼓，右手举槌欲击，作击鼓说唱表演，神态诙谐，动作夸张，是一件富有浓厚民间气息和地方风貌的优秀雕塑作品。这也是用夸张的动作、举槌欲击的运动瞬间来表现速度和运动。

这匹铜奔马曾经得到郭沫若的高度评价（图 11.12）。马昂首嘶鸣，躯干壮实，三足腾空，一足踏飞燕。一匹躯体庞大的马踏在一只正疾驰的龙雀背上，小龙雀吃惊地回过头来观望，表现了骏马凌空飞腾、奔跑疾速的雄姿，是速度、气势与平衡的最佳表现。后来铜奔马赴美国展出时，以“马踏飞燕”形象出现的海报受到了广泛好评，随后这个造型便被用作中国旅游的标志。

汉代木雕保存下来的很少。仅在长沙马王堆汉墓、甘肃武威汉墓、江苏高邮县天山汉墓、盱眙汉墓、湖北荆州汉墓等地有零星出

图 11.11　击鼓说唱陶俑，东汉，成都天回山出土，中国国家博物馆藏。

图 11.12　“马踏飞燕”铜奔马，东汉，1969 年甘肃武威擂台汉墓出土，甘肃省博物馆藏。

图 11.13　木俑，西汉，甘肃武威磨嘴子汉墓出土，甘肃省博物馆藏。

土。图 11.13 是甘肃武威磨嘴子汉墓出土的木俑，木俑雕刻手法洗练，寥寥数刀刻画出人物的姿态，在头冠、衣领和袖口处施有黑彩绘，艺术风格非常鲜明。

为了理解汉代雕塑的古拙与写意的特点，我们来做一个有趣的比较，把当时两个强大帝国汉朝和古罗马的雕塑对比地看一看。

如果说汉代艺术表现手法是浪漫主义的夸张，那么古希腊、古罗马的艺术可以说是带有夸张的写实主义。古希腊艺术把人体美作为美学的起点，古罗马继承了古希腊的传统，用写实的手法着力刻画人体的美，但是古罗马的人体写实却也存在夸张的表现手法。它跟汉朝艺术的写意的夸张不同，古希腊的夸张是要突出美化人体，把男性的肌肉表现得比实际更雄健，把女性的柔媚表现得更柔润。

如果说汉朝的雕刻通过古拙的线条和简约的面部表情刻画女性柔媚，那么古希腊、古罗马的雕刻通过柔媚的肌肤和神秘的表情来表现女性美。重庆化龙桥出土的这一组东汉陶俑（图 11.14），有持箕帚的、提壶的、献食的、庖厨的，都是通过单纯、夸张的姿态把动态和表情表现出来，人物神态各异，都是满脸的喜悦。而古希腊和希腊化时期的几尊维纳斯雕像，姿态表情大同小异，都是极力刻画皮肤的质感，表情木讷，缺乏感染力（图 11.15）。我这么说并没有比较孰高孰低的意思，只是想说中国和西方的艺术各自沿循着独自的道路发展。仅以西方写实主义的观点来审读中国美术史，难以对秦汉以前的中国艺术做出恰当的评价。当然，汉唐时丝绸之路已开通，东西方文化交通加强，中国美术开始讲究写实（以宋代雕塑为代表），西方雕塑也开始刻画人物情感（比如贝尔尼）。

图 11.14　陶俑雕像，东汉，重庆化龙桥出土，中国国家博物馆藏。

图 11.15　维纳斯雕像，古罗马，资料图片。

汉代绘画

通过文献记载，我们知道汉代的绘画是相当兴盛的。汉武帝不仅设黄门之署，养一大群画工，还创置秘阁，搜罗书法名画，以供鉴赏。通过历史故事也能对汉代的画工有所了解。《毛延寿怒点王昭君》的故事说的就是美女王昭君没钱打点宫廷画工毛延寿，又因其冷艳孤傲惹恼了毛延寿，毛延寿在给王昭君绘制呈献给皇帝过目的画像上，给王昭君点了一颗大黑痣，于是皇帝便把王昭君送往匈奴和亲去了。潘天寿考证，毛延寿、张衡、蔡邕都是当时著名的画家。

相对于雕塑，中国传统绘画很难保存。不过通过考古发掘，还是能够看到一些汉代的帛画，通过湖南马王堆汉墓、山东临沂银雀山汉墓出土的一批帛画，可以一睹汉朝绘画的风采。

马王堆汉墓出土的一幅叫作《铭旌》的帛画，是用来招魂的。帛画的内容非常复杂，有天界、人间、地狱各种景象，反映了墓主人希望死后升天的美好愿望。通过帛画可以看出用毛笔作画、以线条为主要表现方式的中国画的特征，早在汉代就已经基本确立了（图 11.16）。

在东汉发明造纸术之前，除了丝帛上以外，最能施展绘画才能的载体恐怕就是墙壁了。文献记载，汉代宫殿的墙壁上都是装饰有壁画的，可惜这些壁画早已随着宫殿建筑灰飞烟灭。幸好，汉代的墓葬保存了一批汉代的壁画，让我们得以欣赏汉代绘画的成就。汉代兴厚葬之风，“事死如事生”，所以墓室壁画大致能够反映墓主人生前的生活状况。

1916 年，在河南洛阳八里台西汉墓里，出土了一组绘画于空心砖墓室墙壁上的壁画，是有关西汉墓室壁画的首次重要发现，后来这组壁画砖几经倒手后，由古董商卢芹斋出售给美国波士顿美术馆。图 11.17 就是我 2014 年参观波士顿美术馆时拍摄的。随后的数十年间，

（a）（b）（c）

图 11.16 （a）（b）（c）T 形帛画，西汉，湖南马王堆汉墓出土，湖南省博物馆藏。

图 11.17 砖墓壁画，西汉，洛阳八里台西汉墓出土，美国波士顿美术馆藏。

大约有 40 多座两汉墓室壁画被发现，为研究汉代绘画艺术的发展提供了最为重要的实物资料。

洛阳“八里台”西汉墓壁画绘制于 5 块空心砖组成的梯形山墙上，两面均有绘画，其中一面保存较清晰。画面分上下两组，上层中部高浮雕一只羊头，两边的画面各绘 3 个人物和 1 只熊，其中一人右手中握长柄斧头，左手握长戟。《中国美术全集（绘画编）》将此图称之为“上林苑斗兽图”。下层画面绘有 24 个人物，均宽衣博带，或搭讪对语，或拱手谒拜，或提剑执戟，或下跪施礼。有学者认为，下层画面是迎宾拜谒或“孝子事亲尽礼”的写实描绘。波士顿美术馆物馆对这组图片的注明是“贵族生活写照”。

此砖画的绘画技法已经相当纯熟，笔法轻快流畅，线条粗细疏密得当，人物神态生动，姿态和表情描绘准确。描绘的内容涉及皇家，或许是宫廷画家所绘，应是汉代绘画高水平之作。唐宋以后的绘画都没有脱离汉代绘画奠定的以线条为主要表现形式的模式。

汉代壁画的技法拙朴，以毛笔作画，以线条画为主要表现手段，辅以填彩，用来丰富表现力。如山东东平汉墓壁画，画面用墨线勾勒人物轮廓，再以颜色点染，画风古拙粗犷（图 11.18）。汉代壁画的风格特

图 11.18　东平汉墓壁画，东汉，山东博物馆藏。

点是：气韵生动，奔放有力，朴实浑厚，简朴大方。有装饰性，有气势，为中国艺术的民族风格奠定了基础，对后世产生了极其深远的影响。

山东东平汉墓群中发现三座壁画墓壁画，其中一号墓壁画保存完好。墓顶绘制云气纹和金乌，门楣、墓壁以人物画像为主，间以鸡、狗等动物形象。内容有敬献、谒见、斗鸡、宴饮、舞蹈等场面，各类人物形象多达 48 人。画面色彩艳丽，造型比例匀称，线条简练流畅，刻画细腻精美，形态生动逼真，反映了汉代画匠高超的艺术水准和绘画技巧。

图中左下角的舞蹈，应该是汉代的七盘舞。大致的形式是，地上摆放 7 只盘子，或者盘鼓，跳舞者在 7 个盘子上腾挪舞蹈，足踏盘出声，长袖飘摆，展现曼妙舞姿。这种舞蹈在汉晋时代颇为流行，汉魏晋时期有不少辞赋都描绘和歌咏过“七盘舞”。如张衡《西京赋》：“振朱屣于盘樽，奋长袖之飒俪。”西晋卞兰的《许昌宫赋》：“鼓震动而不乱，足相续而不并。”

1971 年在河北安平发现的东汉墓壁画（图 11.19），表现墓主人生前生活状态，这是车马出行图，绘制技法为线描敷彩，壁画场面宏大，车马人物众多，线条简练流畅，浓淡适宜，显示出高超的绘制技巧。

图 11.19 《车马出行图》，东汉，河北安平东汉墓出土，中国国家博物馆摹绘本。

汉代墓室壁画多见于高级贵族的墓葬，发现数量有限，而画像石多见于中等以下官绅墓葬，分布非常广泛，出土数量巨大，不可胜数。目前发现汉画像石的地区主要分布在四个中心：一是河南南阳和鄂北，二是山东、苏北和皖北，三是四川地区，四是陕北和晋西。除了省级综合博物馆以外，还有不少专门的汉画像石博物馆或者展览馆，比如南阳、滕州、徐州、离石、榆林等地都建有专门的汉画像石博物馆。

汉画像石的内容丰富多彩。一类是反映丰富多彩的现实生活，如迎来送往、车骑出行、迎宾拜谒、庖厨宴饮、乐舞杂技、钟鸣鼎食、六博对弈、驰逐狩猎、射御比武、飞剑跳丸、驯象弄蛇、鱼龙漫衍、捕鱼田猎、亭台楼阁、门卒侍卫等。这类题材有可能是墓主人生前生活的写照，更有可能是崇尚财富的观念的臆想图景（图 11.20）。

另一类题材是描绘雄奇瑰丽的神仙世界，最常见的有青龙、白虎、朱雀、玄武四神，伏羲和女娲，西王母与东王公，还有说不出名姓来历的天神羽人和奇禽异兽。它们表达了墓主人对死后升仙的渴望。

还有一类题材是歌功颂德和垂教后世的历史故事，诸如荆轲刺秦、孔子拜老子为师等等。

画像石的雕刻技法主要有单线阴刻和减地浮雕，或者二者的结合运用。无论哪种技法，都以线条运用为主要特征。画像石的艺术风格一如汉代壁画或者雕塑，造型简约古朴，形式夸张浪漫，动作充满动感，形成庞大的气势。让我们仔细神看《荆轲刺秦王》（图 11.21）来体会汉画像石的艺术表现。整个画面非常复杂和热闹，插入匕首的柱子立于画面中间，左侧怒发冲冠的荆轲被两名死士抱住。画面右侧秦王仓皇逃窜还回首顾盼，秦舞阳倒在地上瑟瑟发抖，盛着樊於期首级的匣子掉在柱子下，还有无数呐喊着赶过来，整个画充满了速度和张力。让我们仿佛亲历那惊心动魄的瞬间。更难能可贵的是，用浅浮雕的形式能够进行如此复杂的刻画。

图 11.20 《车马出行图》，汉，徐州汉画像石博物馆藏。

（a） （b）

图 11.21 （a）《荆轲刺秦王》，汉，山东嘉祥武氏祠；（b）拓本，汉，山东嘉祥武氏祠。

汉代书法

书画同源。汉字是象形文字，就是从描绘图画开始的，而且书画的工具都是毛笔。我小时候曾喜欢过一阵子“写大字”，也就是毛笔书法，终因太枯燥而半途而废了。但我对书法的喜爱一直保持了下来。印象中，在各种博物馆看过不少书法碑刻，可是当我认真整理这些图片的时候才发现，属于汉代的碑刻其实很少，而且多是东汉时期的，西汉则更罕见。

在汉中博物馆里，保存着从褒谷石门隧洞中移植来的十三块摩崖石刻，即所谓的《石门十三品》(图 11.22)。秦时流行的字体是小篆，汉代出现隶书，到了魏晋时期楷、草、隶、篆具已呈现，汉字发展日臻完善。

东汉熹平年间，书法家蔡邕等人用汉隶书写了《诗》《书》《易》《春秋》等儒家经典著作，刻成 46 块石碑，立于洛阳太学，其字体是隶书成熟期的典型。隶书字体方正，结构严谨，是当时通行的标准字体。东汉末年，太学荒废，石经遭破坏陆续纷失，至今只存有石经残石，保存在西安碑林博物馆、中国国家图书馆、中国国家博物馆等处。图 11.23 是西安碑林博物馆所藏的字数较多的一块《熹平石经》残石，内容是《周易》，存 450 字。

对于汉代碑刻的研究早在宋代就开始了，慢慢地形成了所谓金石学，专门研究青铜器铭文和碑刻。历史上有名的金石学家有欧阳修、赵明诚、王国维等。

练习书法的人都知道临帖的重要性，汉代碑帖尤其被书法界视为珍宝，有所谓“汉碑三字为宝”的说法。

书法界还常说“天下汉碑半济宁”，是说现存汉代碑刻有一半保存

图 11.22 《石门十三品》之《石门颂》(局部),东汉,汉中博物馆。

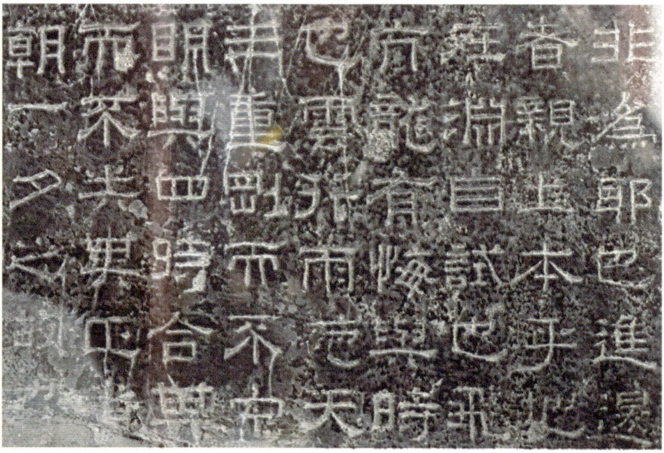

图 11.23 《熹平石经》残石(《周易》),东汉熹平年间,西安碑林博物馆藏。

在山东济宁。在济宁,有两处收藏汉碑最为著名:一处是曲阜汉魏碑刻陈列馆,另一处是济宁市博物馆。曲阜汉魏碑刻陈列馆是在原来孔庙藏碑的基础上建立的,这里的藏碑也常被称为曲阜孔庙藏碑。孔庙所藏汉碑中有不少被书家奉为圭臬,如《乙瑛碑》《礼器碑》《史晨碑》等。

图 11.24 是《礼器碑》，全称《汉鲁相韩敕造孔庙礼器碑》。东汉永寿二年立。碑文记述鲁相韩敕修饰孔庙、增置各种礼器、吏民共同捐资立石以颂其德事。此碑书风细劲雄健、端严而峻逸，艺术价值极高，被认为是汉碑中的经典之作。

20 世纪 30 年代在内蒙古额济纳旗出土的《居延汉简》，多达一万多枚，轰动一时。70 年代居延又出土过近两万枚汉简，数量空前。在甘肃武威也陆续出土了不少汉简，其中武威磨嘴子汉墓出土的《武威汉简》，保存完好，字迹清晰，每一篇的首尾俱全，保存了原书的篇题、页码和顺序（图 11.25）。长沙马王堆汉墓、临沂银雀山汉墓以及

图 11.24 《礼器碑》，东汉永寿二年，曲阜汉魏碑刻陈列馆藏。

图 11.25 《武威汉简》，甘肃武威磨嘴子汉墓出土，甘肃省博物馆藏。

南昌海昏侯墓也都有汉简出土。汉代简牍是研究和欣赏汉代书法，以及研究汉代历史文化的重要载体。

汉代手工艺品

工艺美术是美术的一个重要分支。汉代科学技术比较发达，织绣、漆器、玉器、青铜器、金银器的制作都达到了新高度。通过汉代墓葬考古，我们能够看到数量丰富和千姿百态的汉代手工艺品。这里择要介绍其中的两件。

著名的长信宫灯出土于河北省满城县的中山靖王刘胜之妻窦绾墓中（图 11.26）。刘胜是汉景帝之子、汉武帝的异母兄。刘胜和妻子窦绾墓中出土了两件完整的金缕玉衣，以及长信宫灯、错金博山炉等大量精美的手工艺品，充分体现了文景之治时期的科技发展水平。这只宫灯设计非常巧妙，宫女一手执灯，另一手扶在灯上，长袖中空，可以起到虹吸的作用，把烟灰回收沉淀于宫女灯座内。灯体鎏金、华丽精美。制作工艺水平之高，在汉代宫灯中首屈一指。

中国人自古尚玉，认为玉之美，有如君子之德。《诗经 · 小戎》中有“言念君子，温其如玉”。《礼记 · 玉藻》篇说“古之君子必佩玉，君子无故，玉不离身。”而且古人认为玉能使人长寿，《诗经 · 终南》有曰：“佩玉将将，寿考不忘”。到了汉代，佩玉、葬玉之风更甚。图 11.27 是西汉海昏侯刘贺墓中出土的龙虎玉佩。刘贺是汉武帝之孙，承袭昌邑王，当过 27 天皇帝，被废为庶人，又被封海昏侯，如此跌宕起伏的人生，世间恐怕没有第二人。海昏侯墓是罕见的未曾被盗掘的汉代高等级贵族墓，出土文物极为丰富，包括大量的金器、玉器和青铜器。这件玉佩选用优质和田玉，玉质细腻温润，雕工精细，是汉代玉雕的极品之作。

图 11.26 长信宫灯，西汉，1968 年于河北满城中山靖王墓，河北省博物馆藏。

图 11.27 透雕龙虎玉佩，西汉，2016 年南昌海昏侯墓出土，江西博物馆藏。

老财说 之 旅游与读书

俗话说：读万卷书，行万里路。《荀子 · 劝学》中说："不登高山，不知天之高也；不临深溪，不知地之厚也；不闻圣人之遗言，不知学问之大也。"把闻圣人言与登高山、临深溪相提并论。现代人关于读书与旅行的名言隽语随便一搜罗就是一大堆：读书与旅行，都是一场自我与世界的对话；旅行是心灵的阅读，阅读是心灵的旅行；要么读书，要么旅行，身体和灵魂总有一个在路上……似乎读书与旅行是一对天生的孪生姐妹。

一份调查资料称：中国国民人均阅读图书为4.35本，日本40本、韩国11本、法国20本、以色列60本（部分数据出自2012年中国新闻出版研究院的第九次全国国民阅读调查项目）。我在大学里教书，每与年轻学子聊天，能够感受到大学生们的阅读量实在太少了，总劝他们多读些书，也常会推荐一些书目给同学们。在本书中，我将推荐100本与旅行和审美有关的书籍，这些书籍包含理论性、知识性和文学性的读物，并不包括旅游指南。旅游和读书都是个性化行为，别人的意见和建议并不能代替亲身的游历和阅读。

莎士比亚说："生活里没有书籍，就好像大地没有阳光；智慧里没有书籍，就好像鸟儿没有翅膀。"书籍是人类智慧的结晶，是文明进步的标尺。读书，可以汲取先贤的博学与智慧，或可体会与先哲们携手共游的美妙；读书，可以延展有限生命空间，跨越历史时空、飞过神奇的大地；读书，能使生命闪烁出光辉，让生命的风景多姿多彩；读书，让灵魂欢畅、精神丰盈。

或许，读书并不是为了成就什么丰功伟绩，只是为了成为一个有温度、懂情趣、会思考的人。有人说："你现在的气质里，藏着你走过的路，读过的书，爱过的人。"热爱读书和旅行的人，也许从事着同样的工作，但可能拥有不同的心境；或许拥有同样平凡的家庭，但可能体会不一样的幸福；或许同样面对琐碎与无奈，但可能有不一样的格调。读书，或许不能改变我的生活，却能改变我们对待生活的态度。

我有很多跟我一样热爱旅行和阅读的朋友，经常交流读书和旅行的体会和感悟。一个非常有趣的尝试是，捧一本朋友推荐的书，去走一遍他走过的路，然后再来交流阅读和旅行的体会，可能会发现原来同样的书和同样的路，能够产生不同的思想光辉。生命就像一滴水，它能够折射太阳的光芒。

推荐参观：

推荐场馆	二维码	推荐场馆	二维码
国家博物馆		西安碑林博物馆	
河南博物院		山东博物馆	
汉阳陵博物馆		徐州汉画像石博物馆	
滕州汉画像石博物馆		洛阳古代艺术博物馆（原洛阳古墓博物馆）	
嘉祥武氏祠博物馆	位于山东省济宁市嘉祥县纸坊镇武翟山村北，第一批全国重点文物保护单位。武氏墓群石刻是东汉时期武氏家族墓地上的一组石刻艺术珍品。	汉中博物馆	位于陕西省汉中市东南隅，相传为汉王刘邦的行宫遗址，陕西省重点文物保护单位。馆内设有石门《汉魏十三品》、褒斜古栈道、汉中汉代史迹、汉中宋墓出土文物等。

推荐阅读：

吕思勉．中国通史 [M]. 北京：中国社会科学出版社，2013.

李学勤．中国古代文明十讲 [M]. 上海：复旦大学出版社，2003.

蒋勋．写给大家的中国美术史 [M]. 北京：生活·读书·新知三联书店，2015.

李霖灿．中国美术史讲座 [M]. 桂林：广西师范大学出版社，2010.

王朝闻．中国美术史（第三卷）[M]. 北京：北京师范大学出版社，2011.

[英]迈克尔·苏立文．中国艺术史 [M]. 上海：上海人民出版社，2014.

孙机．中国古代物质文化 [M]. 北京：中华书局，2014.

葛剑雄．行万里路：葛剑雄旅行自选集 [M]. 北京：商务印书馆，2016.

视频资料：

推荐资料	推荐说明	二维码
《我从汉朝来》纪录片	本片以汉画像石为主题线索，在中国大地上拍摄了一百多处历史遗迹，以及鲜活的现实情境、人物故事。	

第十二讲

美的守望

——中国古代雕塑与壁画欣赏

我们继续博物馆之旅，去看看中国古代的雕塑和壁画。中国古代雕塑在魏晋南北朝迎来第一个高峰，经过隋唐的发展，到了宋代回光一现，元明以后趋于衰退了。所以，这里主要介绍南北朝、唐、宋、辽金的雕塑，若加上上一讲介绍的汉代雕塑，基本就构成了中国古代雕塑史的大致脉络。壁画是绘画在建筑、洞窟和墓室墙壁上的画。唐宋本是绘画大发展的时代，可惜地上建筑遗存甚少，辽金和元明有一些精美寺庙壁画；洞窟壁画以敦煌唐代壁画为最盛；墓室壁画较为丰富，各朝代都有发现。

中国古代雕塑 》

东汉末年群雄并起，历史进入了大动荡的年代，直到隋代再度统一，有近四百年纷乱的局面。在纷乱年代，儒家思想不再占统治地位，北方的游牧民族大都崇信佛教，南迁的汉族士绅则追随老庄，遁世清谈。表现在雕塑上，北朝的佛教造像蓬勃发展，南朝则把享乐至上的追求倾注到陵墓的雕刻和随葬的陶塑上，中国雕刻艺术在融合外来影响的基础上迎来第一次高峰。隋唐盛世，国力强盛，一方面大力营造石窟造像，另一方面倾心于随葬明器的制作，特别是明器陶俑，迎来了黄金时代。若以写实主义观之，宋代雕塑无疑又是一座高峰，世俗化气息已经浸染了宗教造像，辽金时期也不乏写实主义佳作。

我们可以通过两件雕塑作品大致领略一下两座雕刻艺术高峰的风采。一件是北齐时期的白石雕刻的供养菩萨（图 12.1），另一件是唐代的侍女陶俑（图 12.2）。

图 12.1 供养菩萨，北齐，保利艺术博物馆藏。

图 12.2 侍女陶俑，唐，西安博物院藏。

图 12.1 是一件供养菩萨，用白石雕刻而成。我长时间驻足在这尊菩萨像前，久久不肯离开。她的头部微仰，面庞那么安详，那么甜美，那么可爱；她的姿态，双手合十放在右颊之下，左腿直立，右腿弯曲，衣襟从肘弯垂下，那么灵动，那么俏皮，那么飘逸。这尊供养菩萨的创作者究竟有怎样的人生呢？他或许正有一个伶俐可爱的女儿？他把心中的美好全部都倾注到了雕塑的创作之中，创作了这样安详的、可爱的，甚至略带俏皮的作品。这件作品让我窥见六朝人个性张扬、怡然飘逸的精神风貌。

图 12.2 是一件墓葬出土的随葬侍女陶俑。由侍女的姿态来看，可能是在奉茶，或者托举物品。从面部表情看，很是谦卑，但却是高昂着头。侍女体态丰满，面如满月，心宽体胖，大唐气象由此可见一斑。

南北朝雕塑

南北朝是中国历史上一个大分裂、大动荡的时期，北方先后有北魏、东魏和西魏、北齐和北周等少数民族政权，南方则经历宋、齐、梁、陈的朝代更迭，最终在隋朝再度统一。我国的雕塑艺术在南北朝时期迎来第一次高峰。这个时期，人性觉醒、个性张扬，反映在雕塑艺术上，经过早期的模仿，六朝人终于大胆地探索个性的弘扬，纵然是佛陀世界，也显得飘逸自得、神情泰然。

李泽厚说："雕塑作为智慧的思辨决疑的神，是六朝社会的美的理想的集中表现。"李先生认为北魏成熟期以后的雕塑秀骨清相、衣褶飘动、神情奕奕、飘逸自得的去尽人间烟火气的风度，形成了中国雕塑艺术的理想美的高峰。

佛教在两汉之际传入中国，到了南北朝时期在中国迅速传播开来。自鲜卑拓跋部建都平凉起，造像之风甚盛，经东魏、西魏，北齐、北周至隋再度统一，其间造像之风虽有弱强，但基本没有停歇，也把中国的雕刻艺术推向了顶峰。这个时期雕塑的主要题材是佛教造像，特别是北朝，许多大型石窟都在这个时期进入营造高峰。

大同云冈石窟（图 12.3）最早开凿于北魏和平年间，这个时期受西方造像艺术影响深刻，造像雄健高大，以三佛造像为主。佛教造像最早始于印度，在印度犍陀罗地区，公元一世纪就有佛教造像出现，是古希腊艺术与土著文化结合的产物，即所谓"犍陀罗艺术"。梁思成先生认为，昙曜五窟虽然是模仿西方的犍陀罗风格，但只得其形，未得其意，面貌平板、肌肉无状，美术价值在其历史价值之下。

太和十八年（494 年）北魏迁都洛阳之后，就开始了龙门石窟的凿刻。古阳洞、宾阳三洞是最早开凿的石窟。这一时期的造像已经开

图 12.3 云冈石窟第18窟，北魏和平年间（460—465年），山西大同。

图 12.4 巩县石窟摩崖佛造像，北魏，河南巩义。

始本土化的进程，体态扁平修长、面型消瘦、嘴角上扬，是北魏晚期的“秀骨清像”的典型代表。遗憾的是这几个洞窟毁坏严重，其中著名的《帝后礼佛图》于1935年被盗运到国外，现在分别收藏于美国大都会博物馆和纳尔逊阿特金斯艺术博物馆。

巩县石窟（图12.4）的建造时期略晚于龙门石窟，大规模开凿于北魏熙平至永熙（516—534年）年间。艺术风格比龙门石窟更成熟，保存状况也相对较好。此时“秀骨清像、褒衣博带”的本土风格已经完全形成。

看过几座北魏的石窟后，我们再来看看圆雕石刻造像。

皇兴五年造像是北魏早期的造像，由于它在佛教美术图像学上特具代表性，被定名为“皇兴式造像”。造像头发卷曲、面相丰满、衣纹绵密，依然是西方造像风格的延续，但是背屏的减地浮雕则可见汉画像石的遗风。造像背面以减地平雕手法刻佛传故事，表明此时造像艺术已经开始与本土文化融合（图 12.5）。

图 12.6 所示造像有一高大的舟形背屏，主尊弥勒佛，秀骨清像、褒衣博带，背屏上方六身高浮雕飞天潇洒飘逸。这时的造像已经完全脱离外来的影响，形成本土风格特征。这些特征包括：细高肉髻、清瘦面部、嘴角上扬露出神秘的微笑以及流畅的衣褶。梁思成盛赞此类造像袈裟的衣褶飘洒、流畅，是中国造像的独创。

北魏晚期山东青州和河北曲阳成为佛教造像的中心，经东魏一直持续到北齐。两地各自形成独特风格，即所谓“青州样式”和“定州样式”。这期间两地产生了大量佛教造像，一直都有传世佛像流转，

（a）　　（b）

图 12.5　皇兴五年造交脚弥勒像，北魏皇兴五年（471 年），1949 年陕西兴平县出土，西安碑林博物馆藏。

近年来几次窖藏发掘，又出土了大量的造像。

1996 年，山东青州龙兴寺遗址出土了四百余尊北魏至唐的佛教雕像。这一批造像入藏青州市博物馆，青州市博物馆也因此成为最有分量的地级市博物馆之一。北魏晚期到东魏造像大多身材单薄、面部颧骨微微突出，称为秀骨清像，深受当时汉族士大夫阶层传统审美情趣的影响。

东魏的高浮雕背屏一铺三身像被定义为“青州样式”。造像组合为一佛二菩萨，中间是主尊佛，两侧是胁侍菩萨，主尊足部两侧刻两条倒悬的龙，俯首衔莲，托起二菩萨（图 12.7）。到了北齐时期，多见单体的圆雕造像，面部大多丰满圆润，不见秀骨清像的造像特征。单体佛像采用凸棱的方式刻出衣纹，好像打湿的衣衫紧贴身体，充分显现着人体线条的优美，称为“曹衣出水”样式（图 12.8）。

12.6　彩绘贴金石雕佛立像，魏，1996 年山东青州龙兴寺窖出土，青州市博物馆藏，中国家博物馆展出。

图 12.7　彩绘贴金石雕佛菩萨三尊立像，东魏，1996 年山东青州龙兴寺窖藏出土，青州市博物馆藏。

图 12.8　贴金彩绘石雕佛立像，北齐，1996 年山东青州龙兴寺窖藏出土，青州市博物馆藏。

我们再看一尊“定州样式”的白石造像（图 12.9）。梁思成先生在 20 世纪 30 年代所著的《中国雕塑史》一书中就已经注意到了河北的白石造像。这种小型的白石造像，结构复杂，主尊旁有胁侍菩萨，多有高浮雕叶形背屏。这类佛像存世数量多，良莠不齐。梁思成先生将其定义为定州风格。

北齐时期，以邺城（今河北省临漳县境内）为都城，佛教颇为盛行。1953 年河北曲阳修德寺遗址出土了 2200 多尊白石造像，正是梁公所描述的“定州风格”造像。2012 年年初在河北省临漳县邺城遗址东部发现了一座巨大的佛教造像埋葬坑，发掘出土了佛教造像 2895 件，主要是北魏、东魏、北齐时期的造像，也符合“定州风格”特征。

关于北齐造像的特征，引用一段金维诺先生的评价：“北齐多数造像面相丰颐，衣纹疏简，服薄贴体，整体平润光洁，与面部宁静安祥的表情和谐一致。从光洁的肌体或平滑的衣裾，似乎都能感觉到筋肉的轻微起伏变化。润泽的体面与舒缓下垂的线条，使形象在疏简平

图 12.9　白石释迦牟尼说法像，北齐，临漳邺城遗址出土，河北省博物馆藏。

淡中流露出内在的气质。形象虽没有大的动态，却仍然可以体察到内在的活力，在自然而写实的手法中，使人物形象更具现实感。这种疏洁淳润的风格使北齐雕刻艺术独具一格，而明洁感人。”通过观察图 12.10 所示的北齐佛头像，我们或许可以更好地体会金先生的感受。

佛像，既是工匠艺术创作的结晶，也是佛教信徒的功德寄托，佛像不仅仅是艺术品，也是社会哲学、审美取向的反映。再仔细审视图 12.10 这三尊头像，清秀的面相、喜悦的表情，仿佛要诉说内心的欢喜。这是在北朝乱世之中，人们能够寄托内心向往和生活追求的最佳载体。在国家博物馆展厅里，当我注视这尊佛像的时候，我仿佛突然失聪了，周围变得异常安静，而我的内心透亮了许多。这是寂静的力量。

与东魏、北齐佛教造像蓬勃发展的景象不同，西魏和北周的造像存世数量很少，而且艺术水平也不高。西安碑林博物馆、西安博物院和山西博物院收藏有几尊这个时期的造像。图 12.11 归纳了北朝各个时期佛教造像的特征。

图 12.10　佛头像三尊，北齐，中国国家博物馆藏、中台山博物馆（台湾）、山西博物院藏。

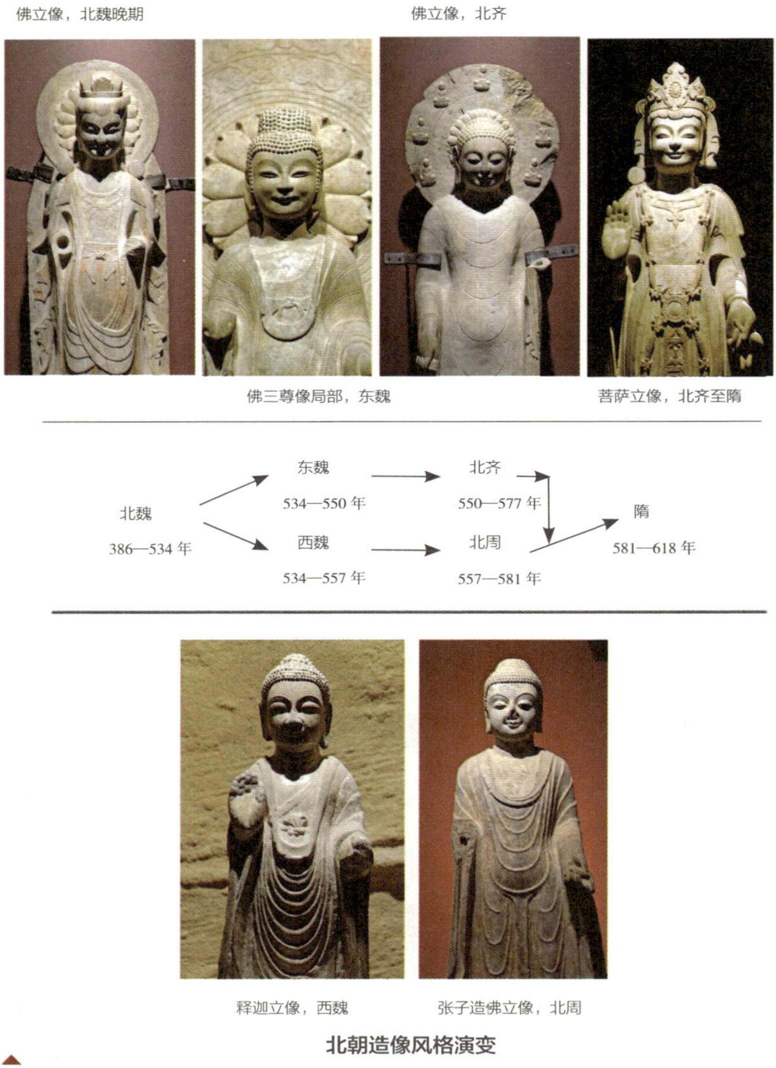

图 12.11　北朝造像风格的演变。

接下来我们来看看南朝的雕塑艺术。唐朝诗人杜牧诗云："南朝四百八十寺，多少楼台烟雨中。"南朝的寺院和佛教造像也曾非常发达，不过留存至今的造像数量并不多。

图 12.12　陵墓石兽，南朝，南京市博物馆藏。

东晋灭亡之后，南方相继出现宋、齐、梁、陈四个政权，统称南朝，现今在南京、丹阳的南朝帝王陵墓群，大约保存有 33 处地面上的陵墓石刻，包括石兽、石碑和石柱。另有一些未能确认墓主人的石刻散落于博物馆中。这些石刻形体硕大，气势恢宏，造型凝练，形神兼备，既可见汉代雕刻的力量与气势，又灵动俊美，在雕塑史上独树一帜（图 12.12）。

隋唐雕塑

公元 581 年，杨坚夺取北周政权建立隋朝。可惜隋朝国祚不长，公元 618 年唐朝建立。唐朝励精图治，创建了当时世界上最强盛的帝国。隋唐时期，在经济大发展的前提下，文化空前活跃，雕塑可谓丰富多彩。石窟、造像迅速发展，金铜造像推陈出新，陵墓雕刻和墓葬明器更是达到前所未有的高峰，以唐三彩为代表的墓葬俑，是中国雕塑史上最具特色的艺术品种。下面重点介绍隋唐的陵墓雕刻和陶俑。

隋代统一中国之后，重视经济发展，贵族阶层重视葬仪，随葬明器的艺术水平有明显提升。隋代的石俑、陶俑造型简洁明快，写实风格鲜明。图 12.13 是出土于太原南郊虞弘墓的石俑。墓主人虞弘原是中亚地区的粟特人，久居晋阳（今太原），除沿丝绸之路经商外，还在北周、隋朝担任管理来华胡商的官职。虞弘墓中出土了雕刻华丽的石椁和若干石俑。这件石俑为胡人形象，头戴圆毡帽，身穿窄袖长袍，腰带两侧悬挂小刀、囊带等 7 件物品，手捧胡瓶。作品简练写实，把显示身份的物件逐一刻画出来。

大唐盛世是我国历史发展的黄金时期，文治武功，万国来朝。雕塑艺术经贞观之治的发展到武周时期达到了一个新的高峰。唐献陵是唐高祖李渊的陵寝，陵园四个神门外各置石虎一对，南神门外立华表和犀牛各一对。石犀用重约十吨的整块石料雕琢而成，仅用粗壮线条勾勒形态，雕刻简洁而生动，体型高大却比例恰当。石虎硕大威武，简约质朴，但生动传神，与石犀风格一致（图 12.14）。

图 12.13 彩绘石雕持壶男仕俑，隋，太原南郊虞弘墓出土，山西省博物院藏。

图 12.14 石虎，唐贞观九年（635 年），三原县唐高祖李渊献陵，西安碑林博物馆藏。

昭陵六骏原是唐太宗李世民昭陵祭坛上的六块浮雕石刻。六骏是李世民生前骑过的六匹战马，为纪念这六匹战马，李世民令画家阎立本为其画像，令工匠刻成浮雕嵌于昭陵的祭坛两侧。这六块高浮雕石刻，每块石刻宽约2米、高约1.7米。六骏造型优美，雕刻线条流畅，栩栩如生。六骏中的“飒露紫”和“拳毛騧”两石，于1914年被古董商卢芹斋以12.5万美元盗卖到国外，现藏于美国费城宾夕法尼亚大学博物馆，其余四石现藏于陕西西安碑林博物馆。唐武德三年（620年），太宗李世民讨伐王世充，为了刺探敌情，太宗跨上“飒露紫”，只带了数十名骑兵冲入敌阵，后与随从将士失散，只有将军丘行恭一人紧随其后。混战中太宗坐骑中箭，丘行恭让太宗骑自己的马前进，丘行恭射退敌军后为“飒露紫”拔箭。石刻“飒露紫”正是捕捉了这一瞬间情形，中箭后的“飒露紫”低头依偎着丘行恭，眼神低沉，臀部稍微后坐，四肢略显无力，剧烈的疼痛使其全身战栗，旁伴身材魁梧的丘行恭，右手拔箭，左手抚摸着御马，疼爱之情溢于言表（图12.15）。

图12.15 昭陵六骏之飒露紫和丘行恭，礼泉县唐太宗李世民昭陵，美国宾夕法尼亚大学博物馆藏。

中国雕塑到了唐代，写实风格已经成熟（图 12.16、图 12.17），以西方美术观点来看，大唐雕塑应当是中国雕塑史上登峰造极的时期。唐代的造像在姿态和表情上更加自由奔放，身体姿态灵动，表情丰富自然，“六朝造像庄严和谐之风，殆无遗矣”（梁思成语）。

图 12.17 这件陶俑造型非常生动，一个头梳双髻、身穿胡服、足登长靴的女俑，侧身盘腿骑坐在驼峰中间，头枕右臂做休憩状，作品把丝绸之路上往来奔波、疲惫不堪的旅人途中小憩的情形刻画得惟妙惟肖，把丝路商人的生活表现得淋漓尽致。

墓葬明器是中国雕塑艺术中最具特质的雕塑作品。它最能反映当时社会的现实生活和风俗习惯，与社会的经济盛衰和手工业发展程度有密切联系。唐三彩是唐人创制的一种低温釉陶器，釉彩以黄、绿、白三色为主，主要烧制用于随葬的陶俑（图 12.18）。

◀ 图 12.16　彩绘持镜女俑，唐，西安市长安区嘉里村裴氏小娘子墓出土，陕西省历史博物馆藏。

▲ 图 12.17　彩绘骑驼小憩俑，唐，1987 年西安市新城区韩森寨出土，西安博物院藏。

图 12.18　三彩腾空马，唐，西安制药厂出土，西安博物院藏。

宋辽金雕塑

公元960年，赵匡胤陈桥兵变、黄袍加身，建立统一的北宋政权，以汴梁（今开封）为都城，靖康之难后宋室南迁临安（今杭州），史称南宋，最终于公元1279年被蒙古军所灭。宋朝，中华传统文化发展到登峰造极的最高峰，特别是北宋初建的一百多年，经济发展、文化活跃，以火药、指南针为代表的科技也空前发展。以雕塑来说，宋代雕塑写实风格突出，世俗之风浓厚。究其内容无非宗教（寺庙、石窟）和丧葬（陵墓和明器），以材质而论，则石刻、泥塑、木雕、铁铸、髹漆，丰富了许多。辽金二朝虽为北方游牧民族政权，但推崇中原汉文化，雕塑与唐宋一脉相承。

宋辽金时期寺庙雕塑遗存数量众多，除去散落各地博物馆藏造像外，还有很多在原址保存，其中尤以山西境内居多。

山西晋祠圣母殿内的彩绘泥塑侍女像，是北宋雕塑艺术的精华

图 12.19　彩色泥塑侍女像，宋，晋祠圣母殿，山西太原。

（图 12.19）。殿内有侍女像 41 尊，姿态不同、神色各异，喜怒哀乐表露无遗，是写实主义的佳作。晋祠圣母殿，供奉唐叔虞之母邑姜，建于宋代天圣年间（1023—1032 年），大殿作为宋代建筑可载入中国建筑史（参见第五讲），殿内彩塑亦可写入中国雕塑史。

山西省长子县法兴寺的正殿内东西两侧有北宋彩绘泥塑十二圆觉菩萨像，故称圆觉殿。十二圆觉是为得到佛祖真传要道，努力修成圆满正果的十二位大菩萨。供奉十二圆觉在宋代寺庙很常见，北京西山卧佛寺、杭州灵隐寺、四川安岳石刻的圆觉洞等均可见。图 12.20 所示的菩萨面相圆润，仪态端庄，云髻后挽，宽衣博带，配饰瓔珞，双手合于胸前。钱绍武先生称赞此尊菩萨“既写意又写实，凝重而完整”。

宋代木雕佛教造像是重要的形式，而且遗存不少。总的风格依然是写实和世俗化的，多数木雕像都以菩萨尤其是观音菩萨为题材，观音菩萨多被塑造成雍容富贵的女性形象。令人惋惜的是，不少寺庙内的木雕在晚清到民国年间流失海外，图 12.21 所示是美国大都会博物馆收藏的一尊木雕文殊菩萨。

北宋铁铸造像多有遗存，太原晋祠、登封中岳庙都有铁铸天王像。山西博物院所藏两尊铁铸罗汉像原在何处不详（图 12.22）。罗汉像眼窝凹陷、紧蹙双眉、目光犀利、神情冷峻，五官准确，表情生动，是写实风格的佳作。

唐末五代之际，在北方崛起一个少数民族政权——辽。辽朝为游牧民族契丹族所建立，努力学习中原汉族文化，初期继承唐代遗风，

图 12.20 彩色泥塑菩萨，北宋政和元年（1111 年），法兴寺圆觉殿，山西长子。
图 12.21 木雕文殊菩萨，北宋，美国大都会博物馆藏。
图 12.22 铁铸罗汉像，北宋，山西博物院藏。

澶渊之盟后，受宋的文化影响深刻。通用汉字，兴佛教，特别是燕云十六州一带，基本保留了中原文化的传统。辽朝的建筑、雕塑、绘画和散乐都受唐和五代浸染颇深。

大同华严寺薄伽教藏殿建于辽兴宗重熙七年，殿内以三世佛为中心塑造了三组富丽堂皇的佛、菩萨、弟子、罗汉和天王的群雕。主尊释迦牟尼端坐莲台之上，宝相庄严，阿难、迦叶二弟子垂立两旁，胁侍菩萨坐立各二尊，头戴宝冠、披帛缠绕，娴静安详，群像主次分明、排列有序，气势恢宏，是辽代雕塑艺术的精品（图 12.23）。另外，大同善化寺大雄宝佛坛上的五方佛和两壁的二十诸天都是辽代彩塑精品。

继承唐三彩的制作技艺，辽代也烧制这类低温彩色釉陶，与唐三彩略有区别的是，辽三彩少见用蓝色釉，而多用黄、绿、褐三色釉。图 12.24 所示的这尊辽三彩罗汉像来自河北省易县八佛洼，推测这批罗汉像应该共有 16 尊，均散失在国外博物馆，已知下落的共 8 尊，美国纽约大都会博物馆有两尊，宾大博物馆有一尊。这些三彩罗汉，无论从其写实主义的表现手法，还是釉彩的制作工艺都显示出了高超的技术水平。

金朝为北方少数民族女真人所建立，在北方多民族的争斗中不断强大，与宋朝联合灭了辽朝后，于公元 1153 年迁都中都（今北京），汉化明显。金朝的艺术直接受宋的影响，在逼迫宋室南迁之后，东京汴梁（今开封）的画师、匠人被掠至中都，宋室收藏也原样搬到了中都。

山西朔州崇福寺弥陀殿，建于金代熙宗皇统三年（1143 年），殿内彩塑和壁画均为金代原物。受宋的影响，写实和世俗化特征鲜明（图 12.25）。

图 12.23
图 12.24 | 图 12.25

图 12.23 菩萨群像，
崇熙七年(1038 年)，
严寺薄伽教藏殿，山
大同。
图 12.24 三彩罗汉
辽，来自河北易县，
国大都会博物馆。
图 12.25 胁侍菩萨
金，崇福寺，山西朔州

中国古代壁画》

壁画用来美化和装饰居住环境，绘画于建筑物的墙壁之上。殿堂、庙宇、墓室的墙壁，都是展现壁画艺术的舞台。概括地说，迄今发现四十余座汉代的壁画墓，可以窥汉代壁画之一斑；魏晋南北朝的宗教壁画除去龟兹壁画之外，在敦煌和麦积山石窟都有遗存，墓室壁画也有很多；隋唐的壁画创作达到高峰，敦煌壁画中半数以上创作于隋唐时期，墓室壁画遗存丰富；宋代壁画所见不多，敦煌有少量宋窟，高平开化寺保存的宋代壁画尤为珍贵；辽金壁画墓遗存不少；元明的寺庙壁画可圈可点者不在少数。

先来看一幅唐代的绘画（图 12.26）。这是徐悲鸿先生 1937 年在香港的一位收藏家手中购得的一幅卷轴，徐先生认为它出自唐代名家之手，甚至可能就是吴道子的画作。徐先生根据画面上白描的八十七位

图 12.26 《八十七神仙卷》，唐佚名（推定为吴道子），徐悲鸿纪念馆藏。

列队行进的神仙，将画卷命名为《八十七神仙卷》。此画后来在战乱中曾经丢失，后又失而复得，现珍藏在北京徐悲鸿纪念馆。

画卷上生动地描绘了八十七位列队行进的人物所绘人物形态各异，体态生动，衣冠服饰雍容华丽，裙裳绦带临风飘扬，“天衣飞扬，满壁风动”，极富艺术感染力。经过徐悲鸿、张大千、谢稚柳等人的细心研究，认为这幅画卷应该是吴道子所绘“粉本”（也就是壁画的底稿），北宋武宗元的《朝元仙仗图》应该是据此临摹。根据古籍记载，唐吴道子曾创作过很多宫殿寺庙壁画，可惜都已无存。吴道子的绘画对后世尤其是宋元壁画创作影响深远，如今我们可通过元永乐宫、明法海寺壁画感受“吴带当风”的气韵。

隋唐壁画

隋唐时期是中国壁画创作的第一个高峰。寺庙、石窟的建造如火如荼，为壁画创作提供了广阔的舞台。甘肃敦煌莫高窟的现存壁画洞窟中，有一半以上是隋唐时期创作的。

据我三十多年在祖国各地旅游的经验，我认为有两个地方此生必须要去一次。这两个地方是黄山和敦煌。黄山是中国自然风光之最佳代表（参见第三讲），敦煌石窟壁画是中国艺术史上最辉煌的成就。位于河西走廊西端的敦煌石窟，从十六国开始，经北朝、隋唐到宋元，汇集千年的雕塑和壁画，是一座中国艺术的宝库。

这些年来中国敦煌石窟保护研究基金会、敦煌艺术研究院等机构积极推动敦煌壁画在全国各地的巡展，为那些不能去敦煌的人们提供了更多欣赏敦煌壁画艺术的机会。我就曾经参观过至少四次敦煌艺术大展，图 12.27、图 12.28、图 12.29 是 2013 年到中国人民大学参观《敦煌壁画艺术精品高校公益巡展》时拍摄的。

第 57 窟的《观音像》被认为是唐代菩萨像中最精美的一幅（图 12.27），菩萨体态婀娜、肌肤光洁、长眉细目、唇红鼻直、文静典雅、娇羞妩媚，因此这个窟也叫作“美人窟”。菩萨，特别是观音菩萨，是唐代寺庙壁画所热衷表现的题材。菩萨，是智慧和普度众生的化身。壁画中，佛的形象往往因为要突出威严感，而限于程式化和拘谨，菩萨的形象往往容易描绘得更生动。

第 103 窟的《维摩诘像》是一幅著名的敦煌壁画（图 12.28），画中维摩诘手执麈尾坐于胡床之上，身子前倾，凝神聚眉，思虑深邃，成竹在胸。画家以流利刚健的线描一气呵成，确有“虬须云鬓，数尺飞动，毛根出肉，力健有余”之感。在唐代所有的维摩诘像中最著名，也最传神。唐代壁画的作者大多是民间画家，由于壁画上未署名的缘故，多数无法考证作者姓名。根据画史的记载，出身于民间的画家吴道子曾经是著名的壁画画家，一生大概创作了三百多幅寺庙壁画。吴道子的画，线条生动有力、飘逸飞扬，有“吴带当风”之说。这幅《维摩诘像》就具有吴道子绘画的风格。

第 112 窟的《反弹琵琶舞乐图》是敦煌壁画中的杰作（图 12.29）。画面描绘的是西方净土世界歌舞升平的美好景象，伎乐天神态悠闲雍容、落落大方，手持琵琶、翩翩翻飞，裙裾摇曳、臂钏叮当，极富动感。反弹琵琶的高难动作，似乎把乐舞推向了高潮。绘画技巧显示出唐代绘画民族化风格已经形成，线描描写流畅灵动，敷彩以石绿、赭黄、铅白为主，使整个画面显得更加典雅、妩媚，令人赏心悦目。

隋唐壁画墓迄今发现约有 30 座，大多位于陕西西安周边。唐代的皇亲国戚和王公贵族墓室中的壁画最能够代表唐代墓室壁画的成就，李寿墓、永泰公主墓、章怀太子墓、懿德太子墓、韦洞墓、李爽墓等都出土了精美的壁画。这些唐墓经考古发掘后，壁画集中收藏在

图 12.27　敦煌壁画《说法图》局部《观音像》，初唐，敦煌第 57 窟，2013 年摄于《敦煌壁画艺术精品高校公益巡展》中国人民大学展出季。

图 12.28　敦煌壁画《维摩诘像》，盛唐，第 103 窟，2013 年摄于《敦煌壁画艺术精品高校公益巡展》中国人民大学展出季。

图 12.29　敦煌壁画《反弹琵琶舞乐图》，中唐，敦煌第 112 窟，2013 年摄于《敦煌壁画艺术精品高校公益巡展》中国人民大学展出季。

陕西省历史博物馆，该馆特设一个唐代壁画区域展出这些贵族墓葬出土的壁画。

唐代的人物画在中国美术史上占有重要地位，仕女画注重表现女性的自然美以及雍容典雅的内在气韵。

图 12.30 这幅《胡人打马球图》曝光率比较高，经常参加有关唐代美术的巡回展览，我在多个场合见到过它。马球运动最初源自波斯，唐初传入中国，立刻就成为贵族喜爱的运动，章怀太子墓壁画也有一幅打马球图，还有的墓葬出土了打马球陶俑。李邕是李渊第十五子虢王李凤嫡孙，其墓葬为献陵陪葬墓。这幅《胡人打马球图》整个画面充满张力和动感，两匹马奋蹄跃起，球手扭转身体做奋力击球状，线条流畅、灵动，充分显示出画工的高超技巧。

图 12.30　李邕墓壁画《胡人打马球图》，唐，陕西富平，陕西省考古研究院藏。

宋辽金壁画

宋朝是一个文人的时代，诗文绘画受到重视，是中国绘画史上辉煌的时期。文人画风日盛使得画家不屑于创作壁画，壁画成为匠人之流的活计。虽然传说武宗元等画家参与了不少寺观壁画的创作，但画坛巨匠致力于壁画者仍凤毛麟角。我们能看到的宋代壁画为数不多，寺院壁画首推山西高平开化寺，墓室壁画则以河南禹州白沙镇最为精美。

开化寺大雄宝殿内的壁画创作于北宋哲宗绍圣三年（1096 年），由画工郭发等人绘制。东、西两壁的壁画内容均为《说法图》，场面宏大、人物众多。整个画面以红色和绿色调为主，配以贴金，显得绚丽多彩、金碧辉煌。人物神态各异，缘带飘逸，依然可见“吴带当风”的气韵（图 12.31）。

图 12.31 《说法图》（局部，西壁第一组），宋，山西高平开化寺。

唐末在北方崛起的契丹族所创立的辽国，受中原汉族文化影响深刻，所存壁画也不乏精美之作。辽代的宗教壁画可以列举山西应县佛宫寺木塔和辽宁沈阳无垢净光舍利塔地宫两处。墓室壁画最著名的当属内蒙古库伦旗辽墓群和河北宣化张氏家族墓。

河北宣化下八里村有一处辽代张氏家族墓葬群，其中有五座壁画墓。这些墓室的壁画规模大、保存完好，是辽代墓室壁画的精美之作。张氏家族是辽代的汉族官僚，其中张世卿曾官至监察御使、国子监祭酒。壁画内容丰富，有《天文图》《茶道图》《散乐图》《出行图》《备宴图》《对弈图》《花鸟图》等等，反映了辽金时期中下层官吏生活的各个方面，是一幅辽代社会生活画卷（图 12.32）。

金代是北方少数民族女真人创建的政权，先灭了辽国，后又把宋朝赶到了江南一隅，统治北方广阔的疆域，最后被蒙古人所灭。文化方面，金代也是汉文化的崇拜者，受宋朝的影响深刻。金代壁画主要发现于山西境内的寺庙中，墓室壁画发现不多。

山西朔州崇福寺的金代弥陀殿，我们在中国古代建筑一讲中做过介绍。殿内东、西两壁的壁画是金代原貌，保存基本完好。壁画内容为《说法图》，佛祖庄严，菩萨雍容，衣带飘逸流畅，线条灵动刚劲，色彩绚丽，有唐代遗风（图 12.33）。

▲
图 12.32 《备宴图》，辽，河北宣化辽代张世卿墓。

▶
图 12.33 《文殊菩萨像》，金，崇福寺，山西朔州。

元明壁画

元代虽然不是一个文化发达的朝代，但是在宗教方面佛道并重，兴建寺观之风弥炽，特别是晋南地区，芮城永乐宫、稷山兴化寺、洪洞广胜寺都保存有大量精美的元代壁画。其中一些壁画早年间流失海外，如今收藏在国外的博物馆中。

永乐宫是奉祀道教八仙之一的吕洞宾的道观，元初创建于山西芮城永乐镇，1959 年因修建三门峡水电站整体搬迁至县城北郊。永乐宫壁画，满布在四座大殿内。壁画创作于元泰定与至正年间（1325—1358 年）。三清殿壁画的内容是《朝元图》，也就是道府诸神朝谒元始天尊。整个画面绘制近四百个人物，以八尊主像为中心绘制各路神仙，男女老少，壮弱肥瘦，动静相参，疏密有致，构图严谨，布局壮阔（图 12.34）。

图 12.34 《朝元图》（局部），元，山西芮城永乐宫。

永乐宫壁画具有鲜明的唐宋人物画风格，一般认为是根据唐宋“粉本”绘制的。据传，唐吴道子和宋武宗元都有粉本传世。在加拿大皇家安大略博物馆保存一幅据传出自山西平阳万圣观的《朝元图》，与永乐宫《朝元图》高度相似，推测也是根据相同粉本绘制（图 12.35）。

说到晋南寺观壁画流失海外，不能不提洪洞广胜寺壁画。广胜寺包括上寺、下寺和水神庙。下寺和水神庙壁画绘制于元代，上寺壁画创作于明代。下寺大殿东、西两壁的大幅壁画《炽盛光佛佛会图》和《药师佛佛会图》（图 12.36）分别藏于美国纳尔逊艺术馆和大都会博物馆，上寺大殿东、西两壁的明代壁画藏于美国宾夕法尼亚大学博物馆。唯有水神庙的壁画幸存于原址。

图 12.35 《朝元图》（局部），元，山西平阳万圣观，加拿大皇家安大略博物馆藏。

图 12.36 《药师佛佛会图》，元，山西洪洞广胜寺，美国大都会博物馆藏。

公元1368年，朱元璋建立明朝，中央政权重新回到汉族统治者手中，文化虽有所发展，但是统治阶级对文化的桎梏也达到登峰造极的地步，加之宗教衰微，壁画创作已远不及前朝之盛。在所存为数不多的明代寺庙壁画中，也有几处精美之作可以一观。

法海寺位于北京西山的翠微山麓，由太监李童主持建造，大雄宝殿内四壁壁画由宫廷画师绘制，是现存明代壁画最精美者。大殿北壁绘制《帝释梵天图》，飘飘洒洒三十多位神仙，服饰华丽、仪态生动，大量采用沥粉贴金工艺，使得画面富丽堂皇。壁画中最精美的一幅当属佛龛背面墙上的水月观音（图12.37）。绘制得非常精致，肩披轻纱，薄似蝉翼，透过轻纱依稀可辨衣裙上的图案。

毗卢寺是石家庄的一座古老的寺庙，其中释迦殿和毗卢殿明代重

图12.37 水月观音，明，北京法海寺。

图12.38 毗卢寺壁画之《往古忠臣良将》，明，河北石家庄。

修时绘有壁画，壁画内容包含了儒释道以及世俗人物，既有菩萨、天龙八部，也有玉皇大帝、地府三曹，还有帝王将相、贞妇烈女，是民间信仰的混合物。绘画技法上运用传统的线勒填彩的技法，线条运用流畅自如。由于人物众多，表情刻画成为重点，或威严或慈祥，或老练或帅气，或高贵或卑微，毗卢寺壁画都完成得相当到位，是明代民间壁画师们的呕心之作（图 12.38）。

中国古代壁画发展到了明末，近于停滞，入清以后，精品之作就更加乏善可陈了。

老财说 之 旅游与艺术

抽象而言，旅游和艺术都是寻求审美体验的精神活动，二者本质上是同一范畴的两种行为。很多时候，二者是结合统一的。我在旅行中经常与艺术家同行，他们有画家、艺术史学者。在黄山、徽州与一位画家同行，听他讲如何在旅行中寻找创作素材和灵感，他说网络发达了，素材容易获得了，但是坐在电脑前、躺在沙发上难以获得灵感。在敦煌、法海寺与艺术史学者同行，听他们讲述绘画材料、技法乃至工具的历史变迁，以及作品能够达到的表现力，在震撼中细细体味其中的奥妙，那种美妙简直难以言说。

即使不是艺术家，随着旅游经验的积累和丰富，最终不知不觉也会走向艺术审美之旅。第五讲中我们讨论了关于旅游的层次，资深旅行者最终会达到文化层面，去进行深入的专题性的旅行，或是看遍天下古塔，或者遍访石窟，或者踏寻历史古建，探寻文物古迹。其实，这些专题旅行几乎都是艺术审美之旅。

2014 年我第一次去美国旅行，既没有去大峡谷，也没去环球影城，行程中没有拉斯维加斯，也没有迪士尼，而是在 20 天时间里走访6座城市的12家博物馆，专门去探访这些博物馆收藏的中国文物。一些经常往来美国的朋友说这种旅游方式才是真正有意义的旅游，其中几位还循着我的足迹也搞了一次博物馆之旅，回来之后大呼过瘾。他们当中有的人正按照我的推荐，去寻访那些漂泊海外的艺术品的国内源头。

这一讲梳理的是历次博物馆之旅中关于中国古代雕塑和壁画的内容。推而广之，把艺术审美与旅游审美结合在一起的有趣方案，比如带一本唐诗去旅行，循着李白的足迹，或者宋画中描绘的那些山水，等等。这样的旅游才是综合的审美体验。

推荐阅读：

梁思成．中国雕塑史 [M]. 北京：生活·读书·新知三联书店，2011.

王子云．中国雕塑艺术史 [M]. 北京：人民美术出版社，2012.

李霖灿．中国美术史讲座 [M]. 桂林：广西师范大学出版社，2010.

李泽厚．华夏美学·美学四讲 [M]. 北京：生活·读书·新知三联书店，2008.

宗白华．美学散步 [M]. 上海：上海人民出版社，2015.

[英]迈克尔·苏立文．中国艺术史 [M]. 上海：上海人民出版社，2014.

孙机．中国古代物质文化 [M]. 北京：中华书局，2014.

楚启恩．中国壁画史 [M]. 北京：北京工艺美术出版社，2012.

[英]贡布里希．艺术的故事 [M]. 桂林：广西美术出版社，2015.

推荐参观：

推荐场馆	二维码	推荐场馆	二维码
国家博物馆		西安碑林博物馆	
西安博物院		山西博物院	
河北省博物馆		青州市博物馆	
北京保利艺术馆		上海博物馆	
南京博物院		临漳邺城博物馆	位于河北省邯郸市临漳县香菜营显王村村北，全国重点文物保护单位邺城遗址北侧。

第十三讲

有『仙』则名

——中国文化名山巡礼

子曰：“仁者乐山。”俗语云：“自古名山僧占多。”山，以其博大的胸怀，包容万千的气概，成为中国人宽广胸襟的象征。中国幅员辽阔，境内山峰众多，世界屋脊喜马拉雅山就位于中国境内。中国的山峰既有巍峨壮观、旖旎秀丽的万千气象，也有五岳名山、神仙道场的人文胜境。中国山岳文化源远流长。先秦时期的《山海经》就把神话传说与山川结合在一起，赋予山川以神秘的力量。秦汉以降历来帝王泰山封禅以示王权天授，佛道认为山能够“采天地之灵气，聚日月之精华”，文人墨客咏山以比德畅神。山，就这样被赋予自然景观以外的社会含义，成为神话、宗教、建筑、地理、历史、文学的人类精神活动的载体。这一讲介绍蕴含历史人文特色的文化名山，主要介绍佛教名山、道教名山和五岳，当然也不会忘记“山外有山”。

佛教名山

佛教于两汉之际传入中国，自传入中原伊始，就开始了建寺庙、修道场的风气。佛教讲寻求解脱，讲戒、定、慧，逃离世间红尘、遁入荒山是实现解脱和戒定的最佳环境。这样佛教就与山结下了不解之缘，渐渐地形成了所谓的佛教四大名山，它们是山西的五台山、四川的峨眉山、浙江的普陀山和安徽的九华山。四大名山分别成为文殊菩萨、普贤菩萨、观音菩萨、地藏菩萨的道场，民间慢慢地也就有了“金五台、银普陀、铜峨眉、铁九华”之说，赏名山和拜菩萨成为同一行为的两种目的，四大菩萨与四大名山就和世俗信众紧密地联系在了一起。下面择要介绍两处名山：五台山和峨眉山。

五台山

五台山在山西省五台县境内，号称中国佛教四大名山之首，传说是文殊菩萨的道场。五台山群山环绕，五峰耸立，峰顶平坦如台，故称五台。五峰之外称台外，五峰之内称台内。我早年曾经走马观花地游过五台山，后来喜欢上古建筑之后又专程自驾车沿着台内台外寻古访幽。台内以台怀镇为中心，包括台怀镇中心寺庙群、五个台顶的寺庙和其他分布在台内的寺庙。位于五台之外的分布在定襄、原平、五台、代县、繁峙诸县的寺庙叫作台外寺庙。据说鼎盛时期五台山的寺庙有 200 多座，1956 年调查时发现有寺庙 124 处，崔正森 2003 年出版《五台山六十八寺》介绍了现存的 68 座寺庙。

五台山作为佛教名山，在唐代就已经很有盛名了，位于台外区域的佛光寺和南禅寺仍保存有唐代的木结构建筑，也是我国现存最古老的两座木结构建筑。台内寺庙群中现存最古老的建筑物是塔院寺大白塔（图 13.1 至图 13.3），建于元大德五年（1301 年），它与北京白塔寺的白塔都是尼泊尔工匠阿尼哥设计建造的。这座大白塔也成为五台山的标志性建筑。显通寺是五台山历史悠久、规模宏大、影响深远的寺庙。寺内无量殿，谐无梁殿之音，是一座砖砌拱券式建筑，没有梁柱，故而得名。寺中铜殿（图 13.2），用黄铜铸造而成，铸于明万历三十四年（1606 年），内供文殊菩萨铜像，四壁铸佛像万尊。除五大禅林（显通寺、塔院寺、菩萨顶、殊象寺、罗睺罗寺）之外的其他寺庙也各有千秋。

五台山夏季气温凉爽，号称"清凉胜境"。夏季游客蜂拥而至，旅游乱象频出。我冬日到此，几乎没有了游客的踪影，气温虽低，但阳光尚好，慢慢地在台怀镇中心寺庙群转转，倒也惬意。五台山的旅游服务水平仍有很大的提升空间。我在介绍四川的旅游环境时说过：

图 13.1　五台山塔院寺，山西五台山。

图 13.2　铜殿，显通寺，山西五台山。

图 13.3　快乐的和尚，南山寺，山西五台山。

"四川人既勤劳，又懂得安逸，做生意不穷凶极恶，对金钱的追求不歇斯底里。"这句话得到了很多人的赞同。五台山的生意人似乎与四川人恰恰相反。

说到四川，我们马上就介绍四川的峨眉山。

峨眉山

"峨眉天下秀"，在佛教四大名山中，峨眉山以景色秀丽著称。主峰为万佛顶，海拔 3099 米，宋代赵朴赞其高曰"蜀山天下奇，三峨压岷右"（出自《峨山》），苏轼颂其"峨眉山西雪千里，北望成都如井底"（出自《雪斋》）。可见峨眉山首先是以自然风光著称的，古人归纳了峨眉山的十大胜景：金顶祥光、象池月夜、九老仙府、洪椿晓雨、白水秋风、双桥清音（图 13.4）、大坪霁雪（图 13.5）、灵岩叠翠、罗峰晴云、圣积晚钟。峨眉山以其秀美赢得了历代诗人们的歌咏，唐代诗人李白有"峨眉山月半轮秋，影入平羌江水流"（出自《峨眉山月歌》）杜甫则有"地阔峨眉晚，天高岘首春。"（出自《赠别郑炼赴襄阳》）宋代诗人范镇有："前去峨眉最上峰，不知崖嶂几千重。"（出自《初殿》）

佛教认为峨眉山是普贤菩萨的道场，有报国寺、伏虎寺、清音阁、万年寺、洪椿坪、仙峰寺、洗象池、华藏寺八大寺庙，同时也可以欣赏到壮丽的云海、日出、佛光、圣灯、金殿、金佛六大自然奇观。

我在喜欢摄影的初期就对四川憧憬万分，1994 年当我终于拥有了第一套单反相机时，激动得跃跃欲试，恨不得立刻遍览群山。我首选的是峨眉山，当时的摄影技术还不高，使用的是普通胶片，所以这里我是借用成都朋友的一组峨眉山的照片。那一次四川之旅给我留下极其深刻的印象，自那以后我已经记不清多少次到四川旅游，几乎走遍整个四川，每一次都让我流连忘返，乐不思京。

图 13.4 听涛，双桥清音，四川峨眉山（王蘅摄）。

图 13.5 雪后初霁，四川峨眉山（王蘅摄）。

道教名山

道教是中国本土诞生的宗教，大致在东汉末年有一个叫张陵的人创建了五斗米道，这个人就是后来被推崇为天师的张道陵，人们认为张道陵是汉代谋士张良的后代，后来道教又融入老子的哲学思想，奉老子为太上老君。道教是多神崇拜原生的宗教，主要宗旨是追求长生不死、得道成仙和济世救人。

道教认为高山汲取天地灵气，是神仙居住的地方，也是修炼成仙的绝佳场所。传说道教神仙居住在三十六天、神山仙岛、洞天福地等大都与现实中的名山大川相匹配。后来逐步形成所谓的道教四大名山，分别是湖北武当山、安徽齐云山、四川青城山和江西龙虎山。五岳名山最初也都是道教的洞天福地，后来慢慢发展为佛道融合的名山。下面也介绍两处：武当山和龙虎山。

武当山

道教圣地武当山，位于湖北省十堰市。自汉末以来一直都是求仙学道者的栖隐之地，元代帝王对道士崇信有加，认为武当山乃玄武修道之处，于是香火日炽。明成祖朱棣大建武当山，武当山更有了“四大名山皆拱揖，五方仙岳共朝宗”的至高无上的地位。

我第一次计划去武当山，是自驾车从河南淅川经十堰到武当山。那是春节期间，离开淅川就开始飘雪，进入湖北境内就开始进山了，最后被道路积雪阻隔在一个叫作白桑的小村庄，无功而返。很多事情真是巧合，第一次冬日遭遇大雪中途而返，第二次夏天又是连日阴雨。这一次是暑假期间乘火车到武当山。刚到武当山镇的时候还是风和日丽，刚安顿下来，就倾盆大雨，大约持续了半天的时间。第二天还是

图 13.6　金顶雨雾，湖北武当山。

阴雨连绵，金顶浓雾弥漫，南岩风雨飘忽（图 13.6），当我离开武当山到了襄樊，雨就停了。游历行走这么多年，逛过寺庙道观无数，从没有求过签、烧过香，但是这次在南岩却求了一签。其实，所谓的迷信多是一种“巧合”，在潜意识里按照某种线索把经历过的事情串联起来，巧合就出现了，经历的事情越多，可供串联的相同的经历就越多，按照固定逻辑联系起来的“巧合”也就越多。

这一讲“天下名山”介绍的地方都是著名的旅游胜地，也就是知名度高的旅游景点。在热门旅游景点，我的旅游经验是：如果可能，一定要住一晚，只有这样才能看到它成为旅游景点之前的样子，至少是它作为旅游景点以外应该有的样子。武当山是道教名山，可是在游人如织的时候，你只能跟随摩肩接踵的人群移动，根本无法体会它是什么教、什么宗。只有游人散去了，道人们的生活才开始。晚饭时分，小雨淅淅沥沥，在紫霄宫中一个食堂模样的偏院里，一位道姑恭敬地双手托着盘子，盘子里托了一个盖碗，从偏院出来一路蜿蜒起伏，穿巷子过跨院，走平路上台阶，最后消失在门里。那一幕如梦如幻，似梦似仙。这才是道教仙山原本的样子（图 13.7）。

图 13.7　奉食，紫霄宫，湖北武当山。

龙虎山

江西龙虎山是典型的丹霞地貌，2010 年与广东丹霞山、湖南崀山等一起列入《世界自然遗产名录》。所谓“丹霞地貌”是指水平岩层在垂直力作用下由遭遇风化、重力崩塌、流水溶蚀等而形成峰林状的地貌特征。1928 年，由地质学家冯景兰在粤北仁化县发现并命名。丹霞地貌的红色峰林和溪水伴流，往往成为美丽的自然景观（图 13.8）。龙虎山也不例外，除了参访道教圣迹，沿着泸溪河漂流，欣赏两岸丹霞峰林同样是一种美的体验。

道教的洞天福地有三十六洞天和七十二福地之说，龙虎山属七十二福地之一。龙虎山得名于道教天师张道陵，传说张道陵于龙虎山修道炼丹，丹成而龙虎现。龙虎山也因此成为道教正一道天师派“祖庭”，龙

图 13.8　龙虎山，江西龙虎山。

虎山因而演变为道教名山。在道教兴盛时，龙虎山先后建有十大道宫，八十一座道观，五十座道院，十个道庵，时至今日唯有天师府幸存。

张道陵在四川鹤鸣山修道时，传曾得太上老君“授以三天正法，命为天师”，故称天师。天师府位于龙虎山下上清古镇，正门匾额书“留侯家庙”，张道陵相传为汉留侯张良的后代，自汉末第四代天师张盛起，就是历代天师居住地（图 13.9）。如今天师第 65 代后人张金涛住持龙虎山正一观。道教认为老子（李聃）是太上老君的化身，奉老子为道教始祖，故又常奉老子造像（图 13.10）。

图 13.9 留侯家庙，上清古镇，江西龙虎山。

图 13.10 老子像，江西龙虎山。

五岳名山

山，宣也。岳者，峻极之山也。自古以来，人们就认为山是有灵气的，山岳崇拜由来已久。五岳是古代民间山神崇拜、五行观念和帝王巡猎封禅相结合的产物，最初并不特别固定，后来才逐渐确定为东岳泰山、西岳华山、北岳恒山、中岳嵩山、南岳衡山，并赋予五岳特殊的地位，说"五岳归来不看山"。人们将各座山峰的特征概括为"泰山雄，华山险，嵩山峻，恒山幽，衡山秀"。

五岳之中的东岳泰山、中岳嵩山、西岳华山都位于黄河两岸，是中华文明诞生的地域，自古以来就受到格外的礼遇。成书于周代的《诗经》中有诗句特别赞誉东岳泰山和中岳嵩山，"泰山岩岩，鲁邦所瞻"（出自《诗经·鲁颂》）、"嵩高维岳，峻极于天"（出自《诗经·大雅》）。或许泰山、嵩山在古人心目中有着更加尊贵的地位。

泰　山

没有哪一座山像泰山一样充满文化内涵。泰山玉皇顶海拔 1545 米，并不算高，在五岳之中也不是最高的，但却拥有"五岳独尊"的美誉（图 13.11），这是它独特的文化内涵赋予的。《诗经·鲁颂》有云："泰山岩岩，鲁邦所瞻。"孟子曰："孔子登泰山而小天下"，杜甫诗咏："会当凌绝顶，一览众山小。"历朝历代对于泰山的赞美不曾间断。让泰山名誉达到登峰造极地步的，当然还要归功于历代帝王对泰山的封禅。

图 13.11　五岳独尊，泰山，山东泰安。

秦始皇统一六国后东巡时封禅泰山，并刻石以彰功德。如今秦泰山刻石仅存十字残碑，保存在山下岱庙。自秦始皇泰山封禅后，历朝历代帝王不断在泰山封禅和祭祀，并且在泰山上下建庙塑神，刻石题字。这些碑刻慢慢演变成岱庙碑林，再加上山上各处摩崖刻石和碑碣，形成了一个巨大的书法博物馆，文化内涵愈发浓郁。

今人游泰山，最佳路线是先游岱庙，然后经岱宗坊、一天门、红门、斗母宫到中天门，再经十八盘到南天门，然后游岱顶。还有一种富于挑战的方式是：夜里登山，凌晨赶到日观峰观日出。如果你读过徐志摩的《泰山日出》，一定会幻想着有朝一日能够亲身感受泰山日出的震撼。我两次登泰山，都没有机会看日出，但每一次都觉得岱庙到中天门一线对于我来说才是最有魅力的精华所在。我也曾听人说起他对泰山的感受：人多！排队！原来他是乘车到中天门，然后坐缆车到南天门，走一走天街到岱顶一段。这是一种有效率但也最无趣的登泰山的方式。

嵩　山

少林寺的光环太耀眼了，使得嵩山及其他古迹都黯然无光了，即使 2010 年嵩山及周边历史古迹以“天地之中历史建筑群”的名称列入世界文化遗产，也未能吸引更多的目光。

嵩山所处的黄河中游地区是中华文明的摇篮。周室东迁之后，嵩山近在咫尺，地位得到进一步提升，诗经有云：“嵩高维岳，峻极于天。”汉代三阙（太室阙、少室阙和启母阙）是中国现存最古老的地上建筑。北魏南迁洛阳之后，大力营建嵩山，少林寺最初就是北魏时期建造的，当然不止少林寺，北魏还在嵩山建造了会善寺、嵩岳寺、嵩阳寺（嵩阳书院的前身）等（图 13.12、图 13.13）。到了唐朝，武则天对嵩山情有独钟，多次封禅嵩山，为了纪念登临嵩山，改了地名、改年号，好一通折腾。1982 年 5 月，登封一采药人在嵩山峻极峰见到一块金牌，根据金

图 13.12　法王寺塔和嵩山群峰，河南登封。

牌上所镌文字，确认是武则天于久视元年（700 年）登嵩山祈福的时候投下的金简，现收藏在河南博物院。宋代，把始建于北魏的嵩阳寺改为嵩阳书院，作为宋代的最高学府，程颢、程颐、朱熹、范仲淹、司马光等人都曾在此讲学。

我在一个冬日来到嵩山，见嵩阳书院内碑刻林立，文风俨然，心中顿生敬畏。二程当年亲手种下的槐树如今根深叶茂，修竹掩映，腊梅暗香浮动。身为一名教育工作者，想象当年二程一朱在这里挥斥方遒，天下学子

图 13.13　中岳庙，嵩山，河南登封。

莫不向往的情形，反省我辈如何能追随先贤，有一言益于天下。

山外有山

数千年的山岳崇拜塑造了众多各种名号的文化名山，但毕竟无法囊括所有群山。还有些文化名山绝世孤立，不与同侪为伍。下面也介绍两处：庐山和阿里山。

庐　山

“峨峨匡庐山，渺渺江湖间”，形象地描绘了庐山所处的地理环境，长江中下游平原上，万里长江如练，千顷鄱阳湖如镜（图 13.14），一山巍峨，襟江带湖，多么壮丽的一幅天然山水画卷啊！这样的山水美景怎么逃得过古人的眼睛。汉司马迁“南登庐山，观禹所疏九江”，晋陶渊明归隐柴桑，“采菊东篱下，悠然见南山”，唐李白仙游至此，感叹“飞流直下三千尺，疑是银河落九天”（出自《望庐山瀑布》），宋苏轼遍游天下，竟然“不识庐山真面目，只缘身在此山中”（出自《题西林壁》），当代伟人毛泽东以“无限风光在险峰”直抒胸臆。

名山历来也为孺子所青睐。宋时，庐山白鹿洞书院与睢阳、石鼓、岳麓合称四大书院。南宋朱熹主持白鹿洞书院时，饱学大儒争相来此讲学，书院因而名声大振。南宋周敦颐（著有名篇《爱莲说》）所创的濂溪书院，也是当时闻名遐迩的著名书院。

近代庐山以避暑胜地闻名。晚清、民国年间庐山上建起了不少别墅，著名的有蒋介石夫人宋美龄的“美庐”。更有趣味的是，山上有一座牯岭镇，镇上有一家电影院自 1980 年起，终年只循环放映一部

图 13.14　含鄱口烟云，庐山，江西九江。

电影——《庐山恋》，以“在同一影院放映场次最多的单片”入选吉尼斯世界纪录。

阿里山

据传很久以前，有个叫阿巴里的高山族首领，为了追逐一只白鹿来到了一座神秘的大山。正当他紧追不舍的时候，白鹿忽然不见了，眼前出现了一片云雾笼罩、鸟语花香、郁郁葱葱的林海花园。他被这迷人的景色吸引，于是叫来了部落的族人，将这片山林开辟成新的家园。就在他们为丰收而狂欢时，忽然飞来两条恶龙，搅乱了祥和欢乐的气氛，阿巴里率领族人与恶龙展开了激烈的搏斗，最终赶跑了恶龙，大山又恢复了往日的安宁。这座大山就是阿里山。

大凡名山总是伴随着神话传说，阿里山也不例外。神话传说，表达了人们对美好世界的向往，弘扬了人们扬善惩恶的道德观念。美丽的台湾岛上风景秀丽的阿里山，就是台湾人美丽家园的缩影。

阿里山位于台湾中南部，这里森林茂密，到处都是奇花异草，鸟语花香，小火车从云雾花海中闪出来，停在身旁，钻进车厢，缓缓启动，车窗外祥云浮动，总以为下一站应该是仙界（图 13.15）。如果在山上停留一晚，傍晚去看晚霞，清晨去观日出，那么，森林、云海、日出、晚霞与高山铁路这阿里山五奇就都经历过了。不过且慢，还少点什么吧？这时候一座金碧辉煌、飞檐高耸的受镇宫恰好出现在眼前。受镇宫奉祀玄天上帝，与闽南漳浦一带的民俗信仰一脉相承，屋檐飞脊装饰的色彩艳丽的嵌瓷艺术又是源自潮汕地区，台湾与大陆的精神世界原本就是相通的，物质文化也是共享的（图 13.16）。

当年，一首名为《阿里山的姑娘》的歌曲广为流传，“高山青，涧水长，阿里山的姑娘美如水，阿里山的少年壮如山……”，让人对宝岛台湾，对阿里山、日月潭充满向往和期待。我上山的那一天，大

图 13.15　阿里山烟云，台湾嘉义。

图 13.16　嵌瓷，阿里山受镇宫，台湾嘉义。

巴车上反复地播放着这首歌，好像是要把眼前的现实拉回到记忆中去，又仿佛记忆变成了现实。旅游有的时候就是这么神奇，当你终于踏足于期待已久的土地的时候，会有一种亦梦亦幻的奇妙感觉。

老财说 之 旅游与宗教

旅游业界有一句很流行的话："白天看庙，晚上睡觉。"这个看庙，最初是冲着古建筑去的，因为遗存下来的古建筑大多数是寺庙。可是后来，人为附加上了很多偏离寺庙本真的东西，比如烧高香、抽签算命等活动。我认识的人当中就有因为去旅游被人纠缠算命破了钱财，影响了心情，最终对旅游产生了恐惧心理。

寺庙建筑、佛像、壁画是重要的旅游资源。本讲义中涉及宗教建筑、造像、壁画的内容很多，如果我们对这些物化载体背后的宗教理念有所了解的话，既有助于我们欣赏和理解祖先创造并流传下来的精神和物质财富，也能够避免因为误解而产生的不愉快。

从理论上说，宗教是关于超自然力的一种社会意识，以及由此产生的信仰，进而形成一种制度化和规范化的社会文化体系。宗教是人类社会发展到一定历史阶段出现的一种文化现象，社会伦理体系大多是宗教的产物。当今世界上有基督教、伊斯兰教和佛教三大宗教。任何宗教都是引导人们向善、追求内心安宁的。比如基督教说“神爱世人”，道教讲求济世救人，佛教讲求积善往生，伊斯兰教主张信守诺言等。

两汉之际，佛教由印度传入我国，东汉末年产生本土宗教——道教，孔孟的儒家思想虽然不是宗教，但对于我国传统伦理道德的确立起到重要作用，“儒教”之说法也常见。比如有的寺庙就声称“儒释道”三教同奉。可以说，中国的社会文化体系就是建立在“儒释道”三教信仰基础之上的。比如，勤奋进取的精神是儒家文化的本质，儒家讲求“修身、齐家、治国、平天下”，鼓励通过努力奋斗建功立业；再比如，淡泊遁世的理念是道教思想，道家文化主张修炼养生、淡泊名利；佛家讲轮回再生，劝导人们积德行善、慈爱众生。有人形象地说中国人的一生就是“儒释道”三教弟子的身份转换。年轻的时候是儒家弟子，勤奋努力谋取功名；中年过后自觉一事无成，名利皆是身外之物，要返璞归真，清静淡泊；到了老年就入了“佛门”，万事皆空，懂得割舍，与人为善，慈悲心肠。

寺庙、造像、壁画是宗教信仰的载体，人们把追求美好善良的愿望寄托在庙宇、佛像之上，是精神追求与物质创造的共同体现。因此，寺庙建筑、造像、壁画以及其他用品大抵都是当时社会文明发展水平的体现。

当我们明白这些道理之后，踏入寺庙，无论是欣赏古人的物质创造、艺术表现，还是审视内心世界，我们都会怀着一颗追求美的心，一颗向往善良的心。这样，我们参观一座寺庙，就如同进行一次精神洗礼，双眸清澈了，心灵纯净了，这正是旅游所追求的目标，也是宗教倡导的理念。

推荐阅读：

谢凝高 . 中国的名山大川 [M]. 北京：商务印书馆，2004.
余桂元 . 中国著名的寺庙宫观与教堂 [M]. 北京：商务印书馆，2005.
林语堂 . 老子的智慧 [M]. 西安：陕西师范大学出版社，2006.
胡适 . 中国哲学史大纲 [M]. 北京：商务印书馆，2011.
[美]休斯顿 · 史密斯 . 人的宗教 [M]. 刘安云，译 . 海口：海南出版社，2013.
[英]约翰 · 布克 . 剑桥插图宗教史 [M]. 济南：山东画报出版社，2005.
索甲仁波切 . 西藏生死书 [M]. 杭州：浙江大学出版社，2011.

视频资料：

推荐资料	推荐说明	二维码
《地理中国五岳》纪录片	五岳，是中国五大名山的总称。即东岳泰山、南岳衡山、西岳华山、北岳恒山、中岳嵩山。五岳景色各有特点，受到许多游客的青睐，许多文人作家也留下了大量诗文作品。	
《千年菩提路》纪录片	第一次用纪录片的方式讲述佛教在中国 2000 多年的传承和发展。那些历史上最经典的佛教圣地，那些深刻影响着中国历史和文化的高僧大德，那些穿越千年至今依然震撼着我们的精彩瞬间，在这部纪录片里一一呈现。	

第十四讲

宫苑林囿

——中国传统审美之集大成

园林，是中国传统审美之集大成者，假山真水、亭台楼榭，楹联匾额、琴棋书画，三朋四友、浅酌低吟，间或造一间小庙或者佛堂，在有限的物质环境中，追求无限的精神享受。诗人顾城说：“中国人只创造了两个理想，一个是山中的桃花源，一个是墙里的大观园。”两者都含有对微小，对隐逸的欣赏。“虚静恬淡、返璞归真”是我们欣赏中国古典园林的美学基础。

中国人营造园林之风，古已有之。据史籍记载，汉武帝扩建上林苑，不仅狩猎百兽于其中，还在湖中教习水战，可以想象园林有多么庞大了。唐代在临潼骊山之麓修建骊宫，冬可消寒，夏可驱暑。那座著名的温泉“华清池”就在骊宫之内，“春寒赐浴华清池，温泉水滑洗凝脂。”宋代修艮岳揽奇石，赋《艮岳百咏》，诗情画意寄予园林。金凿太液池，元明继之，就是如今北海中南海的前身。清建三山五园，园林营建如火如荼，慈禧太后挪用海军经费重修颐和园，留下千古骂名。

园林，大致可分为皇家园林和私人园林，皇家园林以北京北海、颐和园和承德避暑山庄为代表，私家园林以江南和岭南区域最为集中。江南园林以苏州拙政园、留园、狮子林、沧浪亭和扬州的个园、何园，以及无锡的畅春园和南京瞻园最为精湛；岭南园林以顺德清晖园、东莞可园最为称道。还有一些开放性的自然风景园林，如杭州西湖、扬州瘦西湖、济南大明湖、兰州的五泉山等，也可以列入园林的行列。

皇家园林》

虽说秦汉以降历代帝王都大力营造园林，但是随着朝代更迭，这些园林早已灰飞烟灭。如今我们能够见到的皇家园林都是明清两朝留下来的，或者再往上追溯一点，北京的北海和西山略可追寻到辽金园林的影子。

北 海

有一首几乎人人都会唱的歌儿《让我们荡起双桨》，传唱了几代人了。这是一首电影插曲，电影中歌声响起的画面，就是北海公园。古老的皇家园林，或许因为这美妙的歌声，增添了些许的浪漫与欢乐的气息。

如今北京的北海公园一带，在八百多年前的辽金时期就是皇家园林。金代的时候，都城在今天的广安门一带，在今天北海一带挖金海，筑琼华岛。元世祖忽必烈攻陷金中都后，一把火烧毁了宫殿建筑。但他却对琼华岛情有独钟，命刘秉忠以琼华岛为中心规划新的都城。刘秉忠巧妙地将皇城建在了琼华岛的东侧，并扩建水系，连通西北的瓮山泊（今天的颐和园昆明湖），形成了元代皇家园林的基本格局。明清两朝基本保留了北海的形制。

湖中南侧有琼华岛，岛上的白塔是北京的标志性建筑物（图 14.1）。这座藏式白塔建于清顺治八年（1651 年）。岛的东侧有“燕京八景”之一的“琼岛春阴”碑。湖的北岸有静心斋、小西天等建筑，还有著名的琉璃九龙壁（图 14.2）。

皇家园林总体上追求宏大壮阔、金碧辉煌的艺术效果。北海就可以用水面宽阔、山形伟岸、建筑辉煌这样的词汇来形容（图 14.3）。但是，即便是宏大辉煌的皇家园林，也避不开中国园林的审美理念，那就是“虚静恬淡、返璞归真”，壮丽的北海由于有了小巧、灵动的静心斋，虚静、隐逸的哲学理念便尽在其中了。谐趣园对于颐和园也是这样的一种功用。

图 14.1
图 14.2 图 14.3

图 14.1 琼华岛上白塔，北海公园，北京。
图 14.2 九龙壁，北海公园，北京。
图 14.3 烟雨迷离的北海，北海公园，北京。

颐和园

夏天的一个月圆之夜，从听鹂馆餐厅出来，宫女装扮的服务员提了一盏宫灯领着我沿着长廊一直走到北宫门，月光皎洁，柳枝曼曼，灯影憧憧，蛙声一片……这种浪漫只可意会。

有一种月光叫作八百年的浪漫。昆明湖在八百年前叫作瓮山泊，元大都的设计者刘秉忠带领他的弟子郭守敬引白浮泉之水入瓮山泊，经高梁河到积水潭，连通京城内的各个海子，入通惠河。那时，南来的漕运船只可以直达积水潭。

清乾隆年间，重新整治西山水系，修建清漪园，昆明湖、万寿山的名字就是从那时开始叫起。光绪年间，慈禧太后挪用海军经费重修被英法联军焚毁的清漪园，并改名颐和园。

图 14.4 是宫廷画师郎世宁绘制的《清漪园设计图》，通过此图可

图 14.4　郎世宁绘《清漪园设计图》。

以窥见清初清漪园的盛况，也可以大致看出光绪朝重修的颐和园基本保持了原清漪园的格局。

从清漪园的总体规划可以看到江南园林的影子，比如杭州西湖（西堤）、无锡太湖（凤凰墩）、岳阳洞庭湖（景明楼）、扬州瘦西湖（西所买卖街）、苏州园林（谐趣园）。又增添了皇家的宏伟气派，比如宫殿建筑、长廊等（图 14.5、图 14.6）。

图 14.5　春到颐和园，颐和园，北京。

图 14.6　昆明湖的夏日浪漫，颐和园，北京。

颐和园集传统造园艺术之大成，万寿山、昆明湖构成其基本框架，借景周围的山水环境，饱含中国皇家园林的恢宏富丽气势，又充满自然之趣，高度体现了“虽由人作，宛自天开”的造园准则。

中国古典园林艺术的一个重要概念是“借景”。就是把园外的景物“借”到园内视景范围中来，与园中景物形成统一的整体景观。“落霞与孤鹜齐飞，秋水共长天一色”，落霞、孤鹜、秋水、长天，都成为滕王阁的借景。颐和园的借景设计是非常巧妙的一例。远处的西山，群峰苍茫入画中，近处的玉泉山，宝塔玉壶犹在眼前。站在昆明湖的东岸望去，金碧辉煌的万寿山佛香阁呈现在眼前，西堤垂柳忽明忽暗，玉泉山宝塔玲珑巧妙点缀，远处西山葱茏，构成湖光山色交相辉映的画面。再看看郎世宁的设计图，正是从东岸视角展开的，这里也成为摄影师最喜爱的角度。

避暑山庄

迫不及待地再来说一说承德避暑山庄，因为我关于旅游最初的懵懂的体验就是关于避暑山庄的（图 14.7）。20 世纪 80 年代初，我从老家到北京上大学乘火车就经过承德。某个暑假乘火车回老家，对面坐着一对穿着时尚的年轻夫妇，他们是去承德旅游的。他们在上海从事专职的翻译工作，工作时间弹性很大，结束一个翻译项目后就有很长的假期，然后去旅行。他们对待工作和生活的态度着实令我钦佩。随后的那个暑假回家，我在承德下了火车。清晨疯狂的公交车把我抛在避暑山庄大门口，于是我在避暑山庄游荡了一整天。那时候避暑山庄游人很少，我还在康熙或者乾隆的 36 景中的某个亭子睡了个午觉呢。

对我来说，承德是一个有很多故事的地方。50 年代，我父母在

图 14.7 | 图 14.8
图 14.9

图 14.7 烟雨楼，避暑山庄，河北承德。
图 14.8 外八庙，大佛寺，河北承德。
图 14.9 湖上泛舟，避暑山庄，河北承德。

那里上大学，在那里相识。他们在烟雨楼、棒槌山、大佛寺（图 14.8）的照片一直挂在家里的相框里。他们退休以后，我带二老去承德怀旧，竟然误打误撞把车直接开到了他们曾经上学的学校，当时那里仍是一座学校。二老辨认出了锅炉房，找到了校园通往大佛寺的小门。二老兴奋得好像又回到了学生年代。那次与父母的同游至今令我怀念。

承德避暑山庄是清初康熙朝就开始建造的皇家园林。那时候清朝在承德的西北设木兰围场，每年秋围狩猎。避暑山庄是其中的一座行宫。到了乾隆朝，又对避暑山庄进行了大规模扩建，形成湖泊、山林、宫殿和寺庙共同构成的大型园林。

避暑山庄因山就势，因水造景，宫殿与天然山林和湖泊巧妙地融为一体，实现与自然环境和谐的境界（图 14.9）。宫殿不失皇家建筑的辉煌气派，亭台楼榭兼具南方园林的奇巧灵秀，堪称中国古典园林之最高范例。

私人园林》

真正能够体现中国传统审美观念的应该是私人园林。“用之则行，舍之则藏”“达则兼济天下，穷则独善其身”，传统儒家思想影响的中国文人虽然是“一颗红心两手准备”，隐逸，似乎总是挥之不去的情怀。传统的私人园林就是要把桃花源搬进大观园。雅与俗，是中国传统审美的独特的概念，雅是私人园林的基本审美趣味，主要是追求宁静自然、清新淡泊。现存私人园林可追溯到宋代，但绝大多数都是明清两代的作品，而且几乎都是官绅富贾的宅院。虽然南方北方都有，但以苏浙最为集中，其中又以苏州和扬州园林最具代表性。

拙政园

苏州园林是私人园林的典型风格，也是古典园林的艺术高峰。苏州园林的主人，多是退隐的官宦或是不得志的文人。比如北宋词人苏舜钦，仕途不顺，罢黜之后幽居苏州建沧浪亭。沧浪亭也成为现存最早有迹可循的古代私人园林。

拙政园的主人王献臣是明弘治六年（1493 年）进士，官至巡察御史，后遭东厂构陷，被谪贬岭南当驿丞，后来平反昭雪，重新起用为浙江永嘉知县。永嘉乃是山水诗人谢灵运的故土，隐逸之风气自古弥漫山水之间，对仕途已经心灰意冷的王献臣致仕归乡，返回姑苏老家，在元代的太弘寺遗址的基础上建造了拙政园。园子的名称，取晋人潘岳《闲居赋》中“筑室种树，逍遥自得……灌园鬻蔬，以供朝夕之膳……是亦拙者之为政也”之意。

拙政园筑成后，王献臣经常邀请姑苏名流韵士雅集宴饮，吟诗作画。吴门四家之一的文征明的《王氏拙政园记》为园中三十一景所作诗画及题记，也成了明代拙政园辉煌的见证。后来拙政园屡经易主改建，形成今天的格局和风貌。

拙政园以水池为中心，亭台楼榭皆临水而建，园中主体建筑“远香堂”位于水池南岸，水池中两座小岛上的“雪香云蔚亭”和“待霜亭”与“远香堂”隔水相望。“远香堂”向西经“小飞虹”廊桥到船舫形的“香洲”，水池对面可见“荷风四面亭”……我一向以方向感强自居，手里拿着导览图，努力想记住每一处走过的景色，在院子里穿小径、过小桥，移步易景，不一会儿就把自己遗失在柳风荷香之中了（图 14.10、图 14.11）。

苏州园林的规模都不大，但却善于把有限空间巧妙地组成多种多

图 14.10
图 14.11 | 图 14.12

图 14.10　待渡，拙政园，江苏苏州。
图 14.11　远香堂，拙政园，江苏苏州。
图 14.12　漏窗，拙政园，江苏苏州。

样的景致（图 14.12），以小巧玲珑取胜。园林中建筑又辅以匾额、楹联、家具陈设、各式摆件，营造出园小乾坤大的审美情趣。叶圣陶先生说，苏州园林的造园原则是反中轴、反对称、反规格，追求自由，追求多样。叶先生把苏州园林比喻为美术画，而把皇家园林比喻成图案画。园林主人唯愿游览者得到“如在画图中”的美感。

狮子林

中国园林艺术讲意境，讲含蓄，讲透与隔、藏与露。这种造园的手法叫作障景。障景的目的是让园中景观一步一步地呈现出来，造成

“山重水复疑无路”的效果。对于规模不大的私人园林来说，常用假山、回廊或者树木进行分隔，把有限的空间分隔成几个相互联系的独立空间。欧阳修有词云：“庭院深深深几许，杨柳堆烟，帘幕无重数。”便是对园林的幽深境界的褒扬。苏州狮子林可以说是障景运用的典范。

狮子林的建造时间可以追溯至元代，其叠山依然保留元代的风貌。狮子林以假山奇石而闻名，是中国园林假山设计中最曲折、最复杂的一处，由于假山的重重阻隔，使得小小的院子像个迷宫一般。狮子林的叠山不高，但洞壑宛转，怪石林立，重重叠叠（图 14.13）。花墙漏窗变化繁复变幻，真趣亭、问梅阁、石舫、卧云室、指柏轩等精巧建筑依山傍水点缀其间，让人回味无穷（图 14.14、图 14.15）。

据说，乾隆皇帝特别喜欢狮子林，曾六次浏览狮子林，还在承德避暑山庄和北京圆明园仿造了狮子林。中国的园林原本是由皇家肇

图 14.13 假山，狮子林，江苏苏州。

图 14.14 月亮门，狮子林，江苏苏州。

图 14.15 透窗，狮子林，江苏苏州。

始，私人园林是模仿皇家园林。到了清代，皇家园林反倒向私家园林学习，曲折、含蓄、清幽、玲珑渐渐成为园林审美的标准，宏丽、壮阔、高阁、长桥却不被赞赏了，这也反映了园林审美观念的变迁。

瞻 园

南京曾有两座著名的私人园林：芥子园和随园。前者的主人是明末清初的戏剧家李渔，后者的主人是清初文人袁枚。他们有一个共同的特点：有文化追求、仕途不顺、有获得财富的能力而且具有创造力。李渔生于王朝交替之际，错过了科举出仕的机会，归隐田园，从事戏剧创作和出版。他晚年在南京修建芥子园，中国传统绘画的教科书《芥子园画谱》也名源于此。袁枚是乾隆四年进士，做了几年县令，四十岁即告归，在江宁小仓山下筑随园，课徒教诗，著有《随园诗话》。可以这样认为，大凡私人园林的主人，钱不一定很多，但一定不缺钱，重要的是得有文化，而且还要有几分失意。这样的私人园林呈现寄情山水、追求隐逸、藏多露少、外卑内宏的特点，这也是众多江南私人园林的共同特征。

可惜的是，这两座文人的园林都已随着时间消逝了。不过，还有一座官宦的园林可看，略补缺憾。这就是明初中山王徐达的府邸花园——瞻园（图 14.16、图 14.17）。

徐达是明朝开国功臣，朱元璋定都南京后，封徐达为中山王，并赏赐这座府邸花园。据记载，经过徐达和其后人几代人的经营，花园已经颇具规模。到了清初，这里成了江南布政司的驻地，太平天国年间，又把它赏赐给了东王杨秀清。园貌历经变迁，形成现在这样的格局。东侧是殿堂建筑，开辟有太平天国历史博物馆，西侧是园林区。

瞻园规模不大，以山石取胜。南西北三面假山围绕两池湖水，回廊、亭台、花墙、透窗链接点缀，花草、灌木、藤萝掩映其间。猛然瞥见花窗之外，假山孤峰，一丛芭蕉苍翠欲滴，幽静、隐逸的情绪立刻弥漫在心间。或许，这正是园林的最初用意吧。

图 14.16　借景，瞻园，江苏南京。

图 14.17　窗下芭蕉，瞻园，江苏南京。

个 园

看过苏州园林的精巧，我们再来看看扬州园林的富丽。扬州园林的主人多是巨商富贾，比起苏州园林文人写意式的精巧细致，更讲究高贵富丽和豪迈气派。苏州园林的境界是归隐，扬州园林则是要附庸风雅。从园林风格来看，扬州园林既具有皇家园林金碧辉煌、高大壮丽的特色，又有大量江南园林中的建筑小品，自成一种风格。

扬州个园，主人是清嘉庆年间两淮盐业总商黄至筠，他也是嘉道年间八大盐商之一。中国传统儒家思想讲求读书济世，无论是农耕或经商，最终仍需要诗书传家，而且传统农耕社会“重农轻商”，经商者距离诗书传家的境界比农耕者还多了一段弯路，他先要回归农本位，再耕读传家。个园中有一副对联：“传家无别法非耕即读，裕后有良图惟俭与勤”，便是最好的佐证。反映在个园的建造理念与形式上，这种追求一览无余。园子叫作“个园”，“个”是半竹，竹子的有节表白自己的精神追求（图 14.18）。园子营造了“春、夏、秋、冬”四景，是回归农本位的意向表达。

有充足财力支撑，有农耕的观念，有读书的追求，使个园独具一格。个园总体上是前宅后园的形式。园林部分，用叠石艺术手法堆叠出“春、夏、秋、冬”四季假山，再通过透风漏月、宜雨轩、抱山楼等建筑连接起来，形成“春山宜游，夏山宜看，秋山宜登，冬山宜居”的诗情画意。

且看这个“透风漏月”的匾额，它悬挂在一个四面通透的轩内，夏可以听雨赏荷，冬可以围炉看雪（图 14.19）。若值秋风乍起，月光如水洒落轩内，怎的一个浪漫可以形容。当时我想，这匾额若是改动一字：“透风漏雨”却又是怎样一个凄凄惨惨的寒秋啊。中国文字妙，文人取意更妙。

图 14.18　竹林，个园，江苏扬州。

图 14.19　“透风漏月”轩，个园，江苏扬州。

瘦西湖

除了皇家园林和私人园林外，还有一类自然风景园林值得一提。与皇家园林和私人园林的封闭不同，自然风景园林具有开放性，是城内或者郊区的公共空间，许多城市都拥有这样的自然风景园林，如杭州西湖、扬州瘦西湖、济南大明湖、兰州的五泉山、长沙的岳麓山等。

园林，是中国人山水观念的物化形态。形成原因之一是始自魏晋时期的隐逸风气，这是私人园林的哲学思想所在，另外一个原因是城市化发展渐渐使人们远离了自然山水，人们需要在城市中营造一片可以亲近自然的山水园林。自然风景园林应运而生。

自然风景园林具有自由开放性和公共性。乡土文化、民间传说、地方名流都可以构成园林的人文要素，再加上往来商旅骚客的歌咏题赋，使得自然风景园的内容极为丰富，亭台廊榭、庙宇道观、楹联匾额、碑刻旌表，不一而足。对于私人园林，游人更多的是去欣赏，去体会主人的用意，而对于自然风景园林，游人本身就构成了风景的一部分，它更有亲和力，有参与感。

扬州瘦西湖是典型的自然风景园林，而且是精美之作。

瘦西湖是扬州市区的一段曲尺形河道，清乾嘉年间盐业巨贾出资疏浚拓宽，并沿岸建造园林，便形成“两岸花柳全依水，一路楼台直到山”的自然园林景观。沿着河岸，曲曲折折向北走，经过徐园、小金山、钓鱼台、五亭桥、二十四桥，一直走到蜀冈之下，然后登上位于蜀冈中峰的平山堂，回首四望，“远山来与此堂平”的意境顿时了然于胸。

徐园，是位于瘦西湖中的一处园林。此地原来叫作“桃花坞”，后为民国军阀徐宝山的私人园林，而改名为徐园。这种园中有园也成了瘦西湖的一个特色（图 14.20）。

图 14.20 徐园，瘦西湖，江苏扬州。

前面已经提到过中国园林的“借景”，看看这座吹台就会对“借景”这种造园手法有更直观的理解。吹台，也叫钓鱼台，是湖心中的一个亭子，通过一条长堤与岸边相连（图 14.21）。这座亭子四角重檐攒尖顶，三面造月亮门，连接长堤一侧也有一个花罩式的月亮门，站在亭子中间，透过月亮门，五亭桥、白塔、湖水、游船都收入眼中，仿佛是一幅幅画框镶嵌在亭子四壁。这座吹台，可以称得上是中国园林“借景”艺术的代表作品。

五亭桥是扬州的地标性建筑（图 14.22）。下面我们来看看传说中的二十四桥。扬州人都坚信这里曾经有一座桥叫作二十四桥，就是唐代诗人杜牧诗“二十四桥明月夜，

图 14.21 吹台，瘦西湖，江苏扬州。

图 14.22　五亭桥，瘦西湖，江苏扬州。

玉人何处教吹箫？”中的那座桥。而且，那座二十四桥还相当有名，其盛名甚至超过扬州本身。看看唐宋诗词就知道了。唐末韦庄有：“二十四桥空寂寂，绿杨摧折旧官河。”宋朝词人姜夔有：“二十四桥仍在，波心荡，冷月无声。”清代诗人洪升有：“廿四桥头人影乱，三千殿脚棹歌长。”清代文人画家郑板桥有：“廿四桥边草径荒，新开小港透雷塘。”不过，眼前这座石拱桥是近世重修的，能否与古诗中歌咏的那座桥画上等号，却听游人评说吧。

老财说 之 园林与审美

本书从自然景观的美讲起，之后讲人文景观的美，再讲艺术的美，这是一个逐步抽象化的审美过程，是一个越来越脱离物质，趋于精神的审美过程。这一讲所讲的园林，本质上是纯粹的精神享受的物质载体，把精神上对美好愿景的追求，用山水、花木、楼台来表达。下一讲还要再进一步讲讲脱离物质的精神唯美追求，就是所谓世外桃源的隐逸美学。作为一个游客，在旅游的过程中，从具象到抽象、从物质到精神，达到审美能力、审美体验的升华，那该是多么美好的事情啊。本书也许不能完全实现这样的升华过程，但是“虽不能至，心向往之”，如果能够开启通往审美升华的一扇门，我心足矣。

还是说说园林与审美。古人之所以建造园林，是把对美好世界的向往微缩在一个有限的空间里。因此，“以小见大”“以虚代实”，成为中国古代园林最基本的审美标准。“以小见大”要巧妙地利用真假、虚实的景物，通过含蓄、清幽、玲珑、典雅等非常抽象的理念，把园主人的宏大理想表现出来。这是空间概念，园林往往还要表现抽象的时间概念。春花秋霜、晨露暮霭、旭日斜阳、阴晴圆缺，都要在一座小小的园子里展现出来。说起来有些玄妙，做起来各有高招赏起来也是因人而异。不同观赏者的审美取向不同，园林审美也有很大差异。园林是比较复杂的审美对象，高人看雅，常人看俗。

明末刊行的《园冶》是古代造园艺术的集大成之作，如今仍是造园、赏园的重要参考。今人陈从周的《说园》，对造园、赏园多有独到精辟的见解，堪资借鉴。陈植先生集编的《中国历代名园记选注》，不计园之存废，选辑历代园林的游记，可知自古园林就是文人雅士审美的对象。审美终究是主观的精神活动，亲身置身园中，躬身体会古代园林的美，才是最根本的。

推荐参观：

中国四大名园：苏州拙政园、北京颐和园、承德避暑山庄、苏州留园。
江南四大名园：南京瞻园、苏州留园、拙政园、无锡寄畅园。
苏州四大名园：沧浪亭、狮子林、拙政园、留园。
岭南四大园林：顺德清晖园、东莞可园，佛山梁园、番禺余荫山房。
扬州园林：个园、何园、小盘谷、瘦西湖。

推荐阅读：

陈从周．中国名园 [M]. 上海：同济大学出版社，2009.

耿刘同．中国古代园林 [M]. 北京：商务印书馆，1998.

陈植．中国历代名园记选注 [M]. 合肥：安徽科学技术出版社，1983.

李渔．闲情偶寄 [M]. 上海：上海古籍出版社，2000.

高居翰．中国古代园林绘画：不朽的林泉 [M]. 北京：生活·读书·新知三联书店，2012.

宗白华．美学与意境 [M]. 北京：人民出版社，2009.

视频资料：

推荐资料	推荐说明	二维码
锦绣华屋之意境山水	中国历史上最大的皇家园林上林苑虽然只存在百年，却奠定了中国园林有山有水的大格局。	
《园林》纪录片	本片从历史的跨度探究解读呈现中国千百年来独特的园林文化，从精神上探寻一个重要的文化命题：园林里的中国与美学人文价值、生活方式、审美情趣。	
《苏园六纪》纪录片	本片是介绍苏州园林的 6 集电视专题片：《吴门烟水》《分水裁山》《深院幽庭》《蕉窗听雨》《岁月章回》《风叩门环》。	
山东大学公开课之中国审美文化史	本课旨在充分理解中国审美文化的内涵和意蕴，综合而形象地展示中国古代审美文化的发展脉络、经典作品、风格流变，最大限度地提高大学生的人文素养和审美情操。	

第十五讲

世外桃源

——寻找你的心灵栖息地

费孝通在《乡土中国》中说：中国的社会基层是乡土性质的。中国人总是忠实地守着向土地讨生活的传统。中国人的乡土情结或者说是山水田园观念早在魏晋南北朝时期就已经相当深入人心了。陶渊明作《归去来兮辞》，辞官归隐"采菊东篱"，开田园诗派之先河。谢灵运弃官不做，遨游于楠溪江的山水之间，创山水诗派之清风。竹林七贤更是成为放任不羁、肆意酣畅、清静无为、风流自得的象征。即使在大唐盛世，经济社会空前发展，归隐田园、钟情山水的思想也不曾稍减，孟浩然诗云："北山白云里，隐者自怡悦。"王维也热爱"明月松间照，清泉石上流"的田园生活。唐代浪漫诗人李白也向往："且放白鹿青崖间，须行即骑访名山。"

其实不仅中国人是这样。英国人彼得梅耶尔在纽约从事广告事业15年之后，告别喧嚣移居法国普罗旺斯乡下，在地中海的明媚阳光下照料葡萄园。美国自然主义作家梭罗，摆脱金钱的羁绊，跑到瓦尔登湖畔建造一个小木屋，过着自耕自足的田园生活。还有，自称受到过《论语》和老子思想影响的自然文学作家奥尔森，抵御现代美国社会的诱惑，深居荒野，并"让荒野和生活吟唱"。

人类从大自然中走来，创造了发达的物质文明，但其心灵本源仍向往大自然。回归乡土、拥抱自然，徜徉于山水田园之中，人们的心灵才觉得轻松。这种轻松是一种本能，是脱离了物质而存在的精神本能。这一讲我们去那些能够反映中国人的乡土情结和田园理念的地方去看一看。

楠溪江村落

浙江永嘉楠溪江本就是一处极具山水之美的所在，更因南北朝时出了一个山水诗人谢灵运，因而留下山水田园的美名，也因此被赋予了世外桃源的寓意（图 15.1 至图 15.3）。

谢灵运（385—433 年），南北朝时期杰出的诗人，创立山水诗派。谢灵运是东晋名将谢玄之孙，刘宋代晋后，曾任永嘉太守，在广州殒命之后，其后人将其带回永嘉安葬。谢灵运自称“天下才共一石，曹子建独得八斗，我得一斗，自古及今共用一斗。”他虽出名门之后，但对于功名之事总是心不在焉，几度归隐。他喜欢游山玩水，制作出一种上山则去前齿、下山去其后齿的木屐，就是李白“身登青云梯脚着谢公屐”的“谢公屐”。他所开创的山水诗派，把自然界的美景引进诗中，使山水成为独立的审美对象。

谢灵运归葬永嘉之后，谢氏后人就在鹤盛溪畔繁衍下来，至今鹤阳一带的村落很多都是谢氏后人。谢灵运曾袭封康乐公，故又称谢康乐。

图 15.1　烟雨楠溪江，埭头村，浙江永嘉。

图 15.2 矸步过河的农人和他的羊，花坦村，浙江永嘉。

图 15.3 老宅屋檐下，蓬溪村，浙江永嘉。

谢康乐祖籍陈郡（今河南太康），出生于会稽（今绍兴），任永嘉太守只有一年光景，其他官职干得也都不长久，到处游山玩水，死后却要归葬永嘉鹤盛溪。是永嘉造就了田园诗，还是田园诗成就了楠溪江？

宋代理学祖师朱熹有一首五绝盛赞鹤盛溪："观鱼胜濠上，把钓超渭阳，严子如来此，定忘富春江。"朱子这首诗颇值得仔细玩味：观鱼濠上者庄子，把钓渭阳者姜尚，隐居富春者严子陵，朱熹一到鹤盛溪，就和这些人比肩了。这首绝句就刻在鹤盛溪畔的蓬溪村。有了东晋和两宋文人的滋养，浓郁的古风就薰蔚着楠溪江和它孕育的村落。

如今在楠溪江流域分布着几十座村落，生活在村落中的乡民一如既往地坚守着自给自足的农耕生活。溪水环绕着村庄，矴步横卧在溪流之上，老农扛着锄头牵着羊儿去田里干活儿，留在家里的则忙碌着加工素面，或者浆洗衣服，放学了，孩子们叽叽喳喳跳过矴步，惊起了河中的鸭子，炊烟袅袅升起，饭菜飘香诱人舌津……多么美妙的田园图画啊。

其实，楠溪江交通非常方便，从商品经济发达的温州出发，公交车一个多小时就到楠溪江中心的岩头镇，从岩头有各种中巴、微型面包车到各个村子，但是许多村子里的老人一辈子都没离开过村子。我愿意相信他们是自我选择了封闭，就像谢灵运自我归隐一样。

坝美村

坝美是文山州广南县的一个小村子。村子四面环山，一水中流，河水穿过山洞流到外面的世界，也把村子与外界相连通，乘一支小船逆流而上，一炷香的工夫便豁然开朗，便见土地平旷，屋舍俨然，炊烟袅袅，耕牛悠悠了。描述到这里，大多数人就会惊叹，这不就是陶渊明描绘的世外桃源吗？

陶渊明是浔阳柴桑人（今江西九江），生活在东晋到南朝的刘宋时期。那一时期社会动荡，独善其身，盛行老庄哲学。陶渊明曾做过一些小官，但终不得志，时时怀念田园生活，“园田日梦想，安得久离析”，在彭泽县只干了八十多天的县令就彻底归隐了。《桃花源记》是他虚构的一个故事，描绘了一个与世无争、耕种自足、安宁祥和、怡然自乐的理想世界。桃花源也因此成为与世隔绝、生活安乐的理想

图 15.4　进村的水洞，坝美村，云南广南。

境界的代名词。陶渊明在文学史上的成就是创立了田园诗派，被誉为古今隐逸诗人之宗。

去坝美村，乘船走水路是进村的唯一通道。据说很久前，村民也曾翻山进出村子，但由于大山都是空洞，山路极为艰险（图 15.4）。如今，每当暴雨河水上涨，进出村子的通路就被阻断了。

坝美是个壮族聚集的村落。村子说不上大，也不算小。有一百四十多户人家和近七百口人，全村主要有三个姓氏，黎姓、农姓和黄姓。从前，村子里的人不与外界通婚，同姓之间也不通婚，只有村子里三姓氏之间才能结成秦晋之好。

村子以农耕为主，作物有水稻、苞谷，也种植茶叶，养牛，养鸭子。晨起，人们蹚过小河，去田里耕作（图 15.5），赶牛的、挑担的，像一个个跳动的音符。下午，孩子们放学了，河边成了孩子们的游乐场，好像一段欢快的快板。傍晚，劳作了一天的人们回家了，在河里洗去一天疲乏，坐在院子里抽上一口水烟袋，好似一曲谐和的柔板。男耕女作，燕子衔泥般地经营着小家庭，平和、自然、安宁，就这样奏响着一曲交响音画。

图 15.5　往来耕作，坝美村，云南广南。

徽州田园

汤显祖一句“一生痴绝处，无梦到徽州”，不知让多少人做起了“徽州梦”。严格讲，徽州是一个历史地理的名称，宋徽宗时的“一府六县”的徽州形制一直延续到民国。现在已没有徽州这个行政机构了，原来的六县也分属安徽和江西两省（歙县、黟县、休宁、祁门、绩溪五县属安徽管辖、婺源由江西管辖），但徽州作为一个历史地理的概念依然使用。古徽州是中国历史上的经济文化重地。

徽州号称“八分半山一分水，半分农田和庄园”，自古山清水秀，宜耕宜居、宜文宜隐。徽州自古文风昌盛、钟灵毓秀，有“东南邹鲁”的美誉。南宋理学家朱熹就是徽州婺源人。宋元之际，徽州书院遍地，形成了耕读传家的文化传统。古徽州地区在千余年的历史变迁当中形成了鲜明的地域文化，即徽州文化。新安理学、徽派朴学、新安画派、徽派建筑、徽州菜系等影响深远。传统文房四宝的湖笔、徽墨、宣纸、歙砚中的墨纸砚都是徽州最佳。

到了明清两朝，商品经济在徽州迅速发展，形成亦商亦学的儒商文化，红顶商人胡雪岩是其中的典型代表。晚清以降，经济中心东移，徽州回归静寂，但文化底蕴仍在，诗书礼仪的传统尚在，许多古村落的风貌被保存下来，这就是现在的山水田园的徽州，被誉为“中国最美乡村”的徽州田园（图 15.6 至图 15.8）。

在第八讲中我们曾经介绍过黟县的西递村，这里补充一个关于西

图 15.6　人家篔竹里，木坑村，安徽黟县。

递的小故事。在西递我曾巧遇丁大姐。丁大姐原本是贵州人，出生于没落地主家庭，自身是儿科医生。十几年前来徽州西递旅游，发觉徽州的大院与她自小生长的贵州地主大院有几分相像，于是在西递买下一座几近荒废的无人居住的老宅。花了很大的力气把这个已经破败成牛棚的废宅整修一新，还常常去附近乡下搜集一些木雕饰件装饰宅子。最初几年她每年有很长时间都在西递，现在她已经退休了，每年在西递住上几个月，其余时间回贵州或者去旅游。十年间，丁大姐把西递改造成了自己的世外桃源，把自己变成了西递人。

把世外桃源的梦想寄托于徽州田园，并非是现代人才有的梦。传说陶渊明做《桃花源记》的原型就是祁门县闪里镇的桃源村。当然这类传说不必认真，目前很多地方都声称是桃花源的原型，比如湖南常德桃源县、江西庐山康王谷、重庆酉阳、湖北竹山等等。《桃花源记》本是虚构的一个理想世界，只要你心中有桃花，哪里都是桃花源。

图 15.7　人间仙境，石城村，江西婺源。

图 15.8　枕河人家，李坑村，江西婺源。

额尔古纳

额尔古纳是一条河流，上游承接海拉尔河与呼伦湖的泄水，一路向北，汇入黑龙江。额尔古纳还是一个县级市的名字，它位于额尔古纳河东岸，生活着蒙古族、回族、俄罗斯族等勤劳的民族，河的西岸就是俄罗斯广袤的荒原。额尔古纳是蒙古族的发源地，蒙古族的祖先蒙兀室韦汉魏时代就生活在这里。有一个歌唱组合叫作额尔古纳乐队，以流行唱法演唱蒙古族歌曲是乐队的特色。还有一本小说《额尔古纳河右岸》，讲述的是鄂温克族最后一个女酋长的故事。借助现代宣传工具的推介，额尔古纳的名字似乎不再那么陌生，但实际上额尔古纳河畔依然保持着原始般的宁静。

从满洲里出发沿着额尔古纳河顺流北上，最初还是牧区，是呼伦贝尔草原的北缘，逐渐有了河流和丘陵，风光变得丰富起来，牛马等大型牲畜更多了，羊群少见了。刚刚八月初，牧民们已经开始收割牧草为即将到来的冬季做准备。割草机“突突突”地工作，行进一段后打开一个架子放下一大捆牧草，一捆一捆的牧草就那样大片地摆放在草原上。渐渐地，河畔的风光变成了农耕区，夕阳下，金黄色的油菜田和麦田遍地铺陈着。路旁的养蜂人，也在紧张地忙碌着，随着菜花结籽，或许养蜂季就该结束了，要忙着收获甜蜜的成果。

到了恩和，就是林区风光了。晨雾弥漫在山间，白桦树掩映着村庄，小木屋四周鲜花盛开（图 15.9），金黄色的麦田一望无际，牛马悠闲地在河畔吃草……一派宁和的田园风光（图 15.10）。从恩和经室韦到临江屯一带（图 15.11），是俄罗斯族聚居的区域。这里的俄罗斯族人一部分是沙俄时期来这里淘金的俄罗斯人的后裔，

图 15.9 | 图 15.10
图 15.11

图 15.9 鲜花盛开的村庄，额尔古纳河畔，内蒙古呼伦贝尔。
图 15.10 额尔古纳河畔的小镇——恩和，内蒙古呼伦贝尔。
图 15.11 临江屯的清晨，额尔古纳河畔，内蒙古呼伦贝尔。
清晨，薄雾笼罩大地，额尔古纳河静静流淌，岸边牛马安静地吃草，大声说话都恐怕惊动了沉睡的大地。此图中河对岸就是俄罗斯的土地了。

另一部分是闯荡俄罗斯的中国人在俄罗斯成家后回到额尔古纳的现代华俄。浓郁的俄罗斯风情，给原始的乡村风貌增添了动人的异域风情。

丙中洛

在六百里怒江峡谷的尽头，有一个世外桃源一般的所在，激流奔腾的怒江冲出石门关，寻得一处开阔的台地，水势稍缓，在桃花岛经过一个180°的大转弯后，继续奔流向南。这里是贡山县的丙中洛。

丙中洛坝子雪山环绕、江河汇聚。怒江的东岸是碧罗雪山，西岸是高黎贡山，沿着峡谷，分布着藏族、怒族、独龙族的村寨，农舍错落有致、绿树葱茏、田园如画。丙中洛是一个典型的人间仙境，藏传佛教、天主教、基督教（图15.12）在这里并存而且和谐相处，周围的群山中有十几座都是当地人心目中有名有姓的神山，最高的嘎哇嘎普山是丙中洛十大山峰之首，海拔5128米。贡当山，则是最容易到达的一座山峰，登上贡当山俯瞰，丙中洛坝子和气势磅礴的怒江第一湾尽在眼前。

自古以来，这里是茶马古道从滇入藏的必经之地和重要据点。前几年丙中洛到西藏察隅的公路开通之前，每天都有数百马帮聚集在丙中洛，等候把山货、茶叶、盐巴等货物运往西藏。

我在一个冬日来到丙中洛，住在白族老李经营的客栈中。老李耐心地帮我规划在丙中洛周边村寨的徒步路线，还建议我徒步翻越碧罗雪山，到澜沧江畔的茨中。在老李张罗为我找向导的时候，我心里设想着从茨中坐车到位于金山江畔的奔子栏，然后去徒步梅里雪山。实现我的三江并流徒步的梦想。正当我激情澎湃的时候，一盆冷水泼了

图 15.12 重丁教堂，丙中洛，云南贡山。

下来——这不是一个好的翻山时节。冷静下来时，我才想起自己的初衷，我是来寻找桃花源的。丙中洛就是我的桃花源。

怒江在扎那桶村拐了一个大弯，弯曲的怒江把小村子围成了一个半岛，每年三月岛上桃花盛开，人称桃花岛。或许是巧合，这个世外桃源一样的所在，居然真的有桃花。逆流而上是重丁村，这里有一座远近闻名的教堂。清末，基督教和天主教传入怒江，如今依然为怒族、傈僳族等少数民族所信仰。重丁天主教堂是法国传教士任安守修建的，就是那位“白汉洛教案”的主角任安守，他死后就葬在教堂旁的墓地。继续沿江北上，先后经过四季桶村（图 15.13）、雾里村（图 15.14）、尼大当村和秋那桶村，这一线是丙中洛田园风光的精华所在。江水碧绿如玉，山峰幽兰如黛，云朵飘忽，就像一幅水墨画。田野绿油油的，村舍点缀其间，忽闻人声笑语，如梦如仙。这里就是桃花源。

图 15.13 杀猪过大年，四季桶村，云南贡山。

图 15.14 窗里窗外，雾里村，云南贡山。

牛鼻村

现代诗人顾城说："中国人只创造了两个理想，一个是山中的桃花源，一个是墙里的大观园。"两者都含有隐逸的欣赏，也表明身处城市化进程中的现代人仍然没忘记对世外桃源的憧憬与向往（图 15.15）。这里讲述一个追寻世外桃源梦想的现代人的故事——Ami 和她的牛鼻村。Ami 是我旅行时偶遇的一位驴友，牛鼻村是广东韶关丹霞山深处的一个偏僻小村。Ami 在韶关市的一家银行工作，在一次旅行时来到地处深山的牛鼻村，认定这里就是她心目中的世外桃源，于是在牛鼻村租了间村民的房子，简单收拾了一下，把自己当成了村

图 15.15　篁竹烟里归舟，牛鼻村，广东韶关。登上牛鼻村附近小山坡的一座小庙，锦江如镜、篁竹若烟，心中思忖若有一叶扁舟划过水面该多美啊！话音未落，果然从竹丛中撑出一只小船……

民，每到休息日就到牛鼻村的小屋待上两天。牛鼻村在丹霞山的腹地深处，虽然丹霞山已经列入《世界自然遗产名录》，但是所谓的“景区”并没有把小山村包括在内，一般意义上的旅游者不会到达这个小村子。村子依然与世隔绝，锦江之中的小村子通过一个吊桥与外界相连，现代交通工具无法进入。村民们也固守着家园，保持着淳朴热情的民风。Ami 从村子里找来废弃洗澡木盆做了盆栽，装饰在小屋的墙上（图 15.16），从前打渔的鱼篓被当作了灯罩，石磨被当成了茶桌，Ami 把这些已经淘汰了的生产生活工具加以巧妙利用，营造了一个简朴温馨的心灵驿栈。

Ami 为了回馈村民的热情接纳，在她的小屋设立了乡村公益图书室，通过朋友们的捐赠，为乡村儿童提供阅览图书，图书室的管理员也请小学生担任，培养他们的公益心和管理才能。当地电视台等媒体报道了 Ami 的故事，许多热心公益事业的人士寄来了更多的书籍，她正在更大范围推广农村公益图书室。

2013 年年初，Ami 听说我有到梅州旅行的计划，便邀我顺路到韶关，到牛鼻村的小屋去看看。在 Ami 的关照和安排下，听阿叔讲打鱼的故事、跟朱老师喝酒、听大围村民讲述童年往事，还跟客栈老板的漂亮女儿一起玩耍……

热爱旅行的人大多都怀有一颗隐逸的心，在旅途中释放心灵，享受内心的宁静。牛鼻村并不是一个值得推荐的旅行目的地，类似牛鼻村这样的名不见经传的小山村到处都有，也许有一日，我也会找到我的“牛鼻村”。

（右图）

图 15.16　盆栽，牛鼻村，广东。
盆栽，是一种园艺栽培形式，在花盆内展现自然景观的一种园艺艺术。Ami 用一个木澡盆做花架养了一盆多肉植物，是名副其实的“盆”栽。

老财说 之 隐逸文化与旅游

汉蔡邕著《琴操》中记载了一个“许由洗耳”的故事。说的是许由“以清节闻于尧”，尧帝打算禅位给他，可是许由说“采山饮河，所以养性，非以求禄位也；放发优游，所以安己不惧，非以贪天下也。”而坚辞不受。许由认为听了那些世俗之事污了他的耳朵，于是到颖水洗耳。好友樊坚正牵着牛犊打算下河饮水，见他洗耳，又听说他洗耳的缘由，说牛犊也耻饮污耳之水，拉起牛犊到上游去饮水了。后来许由隐遁箕山，不知所终。“许由洗耳”的故事流传甚广，西晋皇甫谧著《高士传》对此也有记载，唐宋文人也多有歌咏许由（或传巢由）洗耳的篇章。

《庄子·让王》篇中还记载了一个单卷拒绝舜帝禅让的故事。单卷曾为舜的老师，舜受让帝位之后还常求教于单卷，并打算禅位给单卷。单卷说：“余立于天地之中，冬日衣皮毛，夏日衣葛絺；春耕种，形足以劳动；秋收敛，身足以休食；日出而作，日入而息，逍遥于宇宙之间而心意自得，吾何以天下为哉！”也是坚辞不受，隐入深山，莫知其处。

由此，我们可以看出有德行且不愿坠入世俗事物的贤士高人自古以来就是人们赞美、倾慕的对象。不仅老庄哲学讲“清静无为”，就连主张孔孟之道也说“有道则仕，无道则隐”。可见隐逸文化一直都是中国传统道德观念中重要的审美取向。

到了魏晋南北朝，隐逸文化启发了人们的田园意识，田园诗派、山水诗派相继出现，仕宦文人开始逃离上层社会而像下层沉淀。陶渊明“园田日梦想，安得久离析”，索性辞官归隐“采菊东篱下，悠然见南山”。谢灵运奉诏不就恣意遨游，一心向往“野旷沙岸净，天高秋月明”的世界。竹林七贤“弃经典而尚老庄，蔑礼法而崇放达”，成为那个时代文人的楷模。这些文人迁客利用自己的学识完善自身的修养，虽说是隐居田园、醉心山水，但是通过诗歌、绘画、书法乃至园林艺术等途径表达自己的审美追求，可以说是六朝人奠定了中国传统文化中的审美原则和审美理想。

时至今日，“回归田园”仍是人们津津乐道的话题。本讲前文中提到的在西递安家的丁大姐，在牛鼻村开办乡村图书室的Ami，都是积极大胆的实践者。也许对于大多数城里人来讲，义无反顾地跑到乡下租一个院子养一群鹅并不现实，但我们可以去旅游。旅游的初衷就是追寻反差。当然还不要忘记，古往的隐者都是具有美好德行而向往自由的人，只要我们拥有一颗高尚的心灵、一颗向往自由的心，通过旅游我们同样能够体会隐逸文化的真谛，通过旅游找到一个属于自己的心灵栖息地。

有趣的是，我们现在使用的“旅游”一词就是南北朝时期出现的。南梁沈约《悲哉行》中诗句：“旅游媚年春，年春媚游人。”旅游，从一开始就跟愉悦和美联系在了一起。

推荐游览：

楠溪江古村落　　　　徽州古村落

推荐阅读：

费孝通．乡土中国 [M]. 北京：北京出版社，2011.
袁行霈．陶渊明集笺注 [M]. 北京：中华书局，2011.
黄节．谢康乐诗注 [M]. 北京：中华书局，2008.

叶嘉莹．叶嘉莹说汉魏六朝诗，[M]. 北京：中华书局，2007.

[英]彼得·梅尔．普罗旺斯的一年 [M]. 王春，译．海口：南海出版公司，2011.

[美]亨利·大卫．梭罗．瓦尔登湖 [M]. 北京：北京十月文艺出版社，2009.

[美]西格德·F. 奥尔森．低音的荒野 [M]. 北京：生活·读书·新知三联书店，2012.

[美]比尔·波特．空谷幽兰 [M]. 明浩，译．四川文艺出版社，2014.

视频资料：

推荐资料	推荐说明	二维码
楠溪江古村落	以“天人合一”“气论”“八卦”以及阴阳五行风水思想构建的楠溪江古村落，留存着大批完整的宗谱、族谱等历史文化遗产。透过这些景观和遗产，可以了解到内容极为丰富的耕读文化和宗族文化的梗概，可以认识到楠溪江古村落建筑的文化内涵。	